RADIUS BÜCHER

Traugott Giesen

Leben mit Lust und Liebe

Meine Zeit in deinen Händen.

Lektorat: Klaus-Peter Burkarth

CIP-Titelaufnahme der Deutschen Bibliothek

Giesen, Traugott:
Leben mit Lust und Liebe / Meine Zeit in deinen Händen. –
Stuttgart: Radius-Verl., 1989
Radius-Bücher
ISBN 3-87173-774-7

2. Auflage Februar 1990

ISBN 3-87173-774-7

Umschlag: Dieter Kurzyna
Foto: Walter Neusch
Gesamtherstellung Clausen & Bosse, Leck
Printed in Germany

Man braucht festen Glauben, um dies Leben mit Anstand durchzustehen. Genügend Zweifel drücken nieder. Zuversicht ist nicht machbar. Wir müssen an die Quelle für Lebensmut: Du, deine Zeit in Gottes Händen.

Dies in die Leiden und Freuden buchstabieren, das könnte uns stärken, könnte uns einfädeln in die Gewißheit: Es ist doch gut, dies schöne, schwere Leben. Aller Hingabe ist es wert.

Und meine, deine Kräfte sind Teil vom Energiehaushalt des großen Gottes. Unsere Zeit steht in seinem Kalender, unsere Strecke Leben verläuft in seiner Bahn. Das Wechselspiel von Nehmen und Geben, Lieben und Hassen, Fülle und Mangel verschlingt uns nicht, sondern bietet letztlich Stoff zum Dank. Zeit ist uns gewährt zum Tun und Lassen. Es ist Zeit zu bleiben, bis es Zeit ist zu gehen.

Dieses Buch ist ein Lockruf, gern zu leben und auch in Mühen gewiß zu sein: Da dürfen und müssen und können wir durch. Nicht zum Zeitvertreib sind wir hier, sondern zum Mitarbeiten an der Schöpfung und Mitgenießen ihrer Güter. Und um reif zu werden für Gott. Wir spüren diese Bestimmung ganz von allein, wenn's uns gegönnt ist, alt zu werden.

»Meine Zeit steht in Deinen Händen«, dieses Psalmwort (31,16) beschreibt den Grund, aus dem ein Leben mit Lust und Liebe gedeiht. Und auch andere Bibeltexte tränken unsere Lebenswurzeln. Wir gewinnen Energien, daß wir in schwierigen Umständen etwas zuzusetzen haben und vielleicht sogar Nächste aufrichten können.

»Meine Zeit in Deinen Händen« ist zunächst Bekenntnis. Aber weitergegeben kann es sich vervielfältigen zur Verheißung: Deine Zeit in Gottes Händen!

So schenken wir einander Unbezahlbares: Lebensmut.

Traugott Giesen

leben mit Lust und Liebe
Meine Zeit in Gottes Händen 10

glauben
Glaube und Zweifel 16
Credo pur: Gott erkennen auf dem Angesicht Jesu 21

leiden, sich freuen
Zeit zu leiden – auch ein Text für Karfreitag 26
Zeit zur Freude – nicht nur ein Ostertext 30
Zeit für festliches Leben 34
Freude aus Freundschaft 41
Verheißung der Ehe und ihre Bedrohung 46
Kinder sind ein Glück 56

lieben, hassen
Zeit für Unkraut und Weizen 64
Ich gutböser Mensch 69
Sein und Haben 74
Lieben und Hassen 79
Lügen und Vertrauen 83
Macht und Ohnmacht 88
Fülle und Mangel 93
Knechtschaft und Freiheit 98

arbeiten
Gottvertrauen und Weltverantwortung 104
Gottes Walten in der Geschichte 108
Abschied vom Weltuntergang 115
Glanz und Elend technischen Könnens 121
Arbeit und Gerechtigkeit 127

spielen
Zeit zu spielen 134
Zeit für Musik 139

standhalten und sich wegsehnen
Zeit zu bleiben 144
Warum noch durchhalten 149
Wenn wir zur Last werden 153
Sterben dürfen, wenn man nicht mehr kann 157

trauern, danken, erzählen
Zeit zu trauern 164
Zeit zu danken 168
Leben ist erzählen 171

beten ist Atmen 177

leben
mit Lust und Liebe

Meine Zeit in Gottes Händen

Über die Zeit reden wir so manches: Die Zeit eilt, teilt, heilt – der Zeit Beine machen – der Zahn der Zeit – Gott seine Zeit stehlen – ich habe keine Zeit – ach du liebe Zeit – das Zeitliche segnen – Zeit ist Geld – Zeit ist Beschleunigung.

Über die Zeit reden wir so manches und wissen doch kaum etwas. Wir tragen Zeitmesser mit uns, aber diese Geräte zerteilen nur in gleiche Strecken das Unsagbare, damit Verabredungen möglich werden, vor allem ein Stück Gerechtigkeit. In seinem Buch »Die Entdeckung der Langsamkeit« schreibt Stan Nadolny: »Die Uhrzeit ist nötig wie Maß und Gewicht, weil auf der Welt Güter und Arbeit gerecht verteilt werden müssen. Die Sanduhr mußte umgedreht werden, die Schiffsglocke alle halbe Stunde glasen, damit Kilby nicht länger zu pumpen hatte als Spink, und Back nicht länger zu frieren als Reid.«

Ablauf und Frist

Zeit ist Ablauf, ist Rieseln des Sandes, Reifen der Früchte, Sonnenaufgang und Sonnenuntergang, Ebbe und Flut. Zeit ist Frist für geboren werden und sterben, pflanzen und ausrotten, was gepflanzt ist, würgen und heilen, brechen und bauen, weinen und lachen, klagen und tanzen, Steine zerstreuen, Steine sammeln, herzen und ferne sein von Herzen, suchen und verlieren, behalten und wegwerfen, zerreißen und zunähen, schweigen und reden, lieben und hassen, Streit und Friede haben ihre Zeit (Prediger 3).

Aber was könnten wir glauben, was fühlen bei dem Satz: »Meine Zeit steht in Gottes Händen«? Ich spüre darin etwas Beglückendes, »ein Vibrieren im Lichtzelt des Überdauerns« (Peter Handke), oder einfach eine gute, feste Geborgenheit.

Mein Guthaben Lebenszeit

Meine Zeit ist begrenzt, aber von ihm. Er setzt mich der Zeit aus, aber nicht von sich weg. Ich werde vergehen, aber immer zu ihm hin. Die Zeit schlägt alle – aber nicht ihm aus der Hand. Wenn mir die Zeit ausgeht, gehe ich ihm nicht aus. Meine Zeit und ich, als ein in dieser Zeit Gewordener, stehen in ihm. Obwohl unsere Lebenszeit uns einmal vergangen sein wird, ist sie nicht abgetan für ihn, den Guten, Ganzen. Wie – weiß ich nicht, aber es beglückt mich diese Aussicht, daß wir für Gott bleiben, für ihn nicht verfallen.

Ichwerden unter Zeitdruck

Meine, deine Zeit ist von Gott einem jeden von uns eingeräumt, damit ich und du mit Gott Erfahrungen machen unter zeitlichen Bedingungen. Unter Glück und Mühe und Entbehrungen und Sehnsucht soll jeder ihn erfahren, ihn suchen. Im Werden und Vergehen, in Verknüpfung und Entwirrung soll jeder zu sich selbst finden. Und darin, im Werden und Vergehen der einzelnen, wirkt Gott seine ganze Geschichte. Man selbst werden – ein eigener Mensch werden in Bindungen und Trennungen, in Freuden und Mühen – das ist das Drama, das wir spielen müssen, in dem wir auch gespielt werden. »Bei allem Machen und Tun sind wir doch wie eine Nadel in der Erdbebenwarte, eigentlich sind nicht wir es, die schreiben, sondern wir werden geschrieben« (Max Frisch). Wir werden sozusagen zwanzig, vierzig, achtzig Jahre belichtet, bis wir reif sind für Erlösung und Heimkehr ins Ewige.

So gesehen ist Leben reif werden für Gott. Was könnte das heißen? Alles Zeitliche soll mich entwickeln, mein Wesenskern soll Gestalt gewinnen durch die Einsichten, die in mir wachsen. Ja, ich brauche Zeit, um mich zu erfahren. Zeit als Depot für Erfahrung, wie wunderbar Leben ist, wie es voller Keime vom Ewigen ist, schon jetzt unter Brechen und Bauen und Klagen und Tanzen; nur Atemzüge, Augenblicke, Berührungen, Entbehrungen Gottes!

Zeit ist Form-Zeit. Ich werde geformt zu einem, der Gottes

bedürftig ist. Alle werden wir sterben mit dem Wissen, Tiefbesiegte von Größerem zu sein (Rilke). Nicht, was wir erlebt haben, war das Heil, nicht, was wir zurücklassen, war Heimat. Wir werden erfahren, daß wir nur Spuren des Glücks hatten, aber bedürftig, sehnsüchtig bleiben nach Ganzheit. Er hat uns Ewigkeit ins Herz gegeben (Prediger 3,11). Das zu schmecken, die Sehnsucht nach Gott zu erleben, ist in dieser Form der Sinn. Möglicherweise.

Zeit als Wasserträger Gottes

Die alten Griechen hatten ein anderes Verständnis von Zeit. Für sie war Zeit der Gott Chronos, der seine Kinder verschlingt. Und biologisch gesehen, ist die Zeit ja wirklich ein Feind. Nach Kindheit und Jugend folgt die lange Strecke des Abbaus. Kein Wunder, wenn Menschen sich mühen, diesen Alterungsprozeß zu verzögern, z. B. durch kosmetische Operationen. Aber wie sagte Inge Meysel so schön: »Ich soll mich liften lassen, wo ich mir die Falten so mühsam erworben habe?« Das genau ist die Sicht der Dinge, wie sie dem Glauben geschenkt ist: Meine Zeit steht in Gottes Hand, als sein Werkzeug, mit dem er mich formt, mich zuspitzt zu mir selbst und zu ihm hin; Lebenszeit wird so der Geburtsvorgang, der mich heranreifen läßt, bis noch das Leichentuch die letzte Windel ist.

Entscheidezeit

Gott beträufelt mich mit Zeit, beschenkt mich fortwährend mit Möglichkeiten. Und ich muß entscheiden, ob ich die Möglichkeit wahrnehme, sie beim Schopfe packe. Dann ist mir der »Kairos« geschehen, eine Sternschnuppe voll Heilszeit. Mit jedem Herzschlag werde ich entschiedener ich selbst, werde mehr und mehr Festes. Ich werde immer mehr Faktum, zu deutsch »Gemachtwordenes«.

Die Entscheidungen, die ich traf und die über mich getroffen sind, prägten mich. Darum ist Vergangenheit nie abgelegt, nie vorbei, wie Fernsehbilder ja vorbei sind nach der Sendung. Sondern ich bin auch der, der ich geworden bin. Darum sind die Eltern, die Kindheit, die Jugend alle noch in mir.

Wir können Geschichte nicht wegpacken, wie man ein Geschichtsbuch weglegt: Wir sind auch Geprägte, sind bestimmt von all dem, was sich in uns ablagerte. Und wir sind auch Empfänger des Zukünftigen. Die noch unentdeckten Absichten Gottes kommen auf uns zu. Wir sind alle offene Enden Gottes.

Gute Gründe, Atheist zu werden

Meine Zeit steht in Gottes Händen, das heißt für mich: Gott hat mich in Arbeit. Gott geht mit mir um, immer und ewig. Im Psalm 90 heißt es: Das Leben, wenn es köstlich gewesen ist, so ist es Mühe und Arbeit gewesen. Es ist kein Zuckerschlecken, von diesem Gott in Arbeit genommen zu sein. Es ist für manchen so schwer, daß er wünscht, nie geboren zu sein. Das Maß an Unglück und Leid, Unrecht und Schmerz ist ungeheuerlich. Die Produktion von Unheil dauert an. Jede zweite Krankheit kommt aus seelischer Beschädigung. Als der fromme Hiob alles verloren hatte und, von Aussatz bedeckt, in der Asche seiner Hoffnung saß, meinte seine Frau zu ihm: »Sag Gott ab und stirb« (Hiob 2,9). Aber Hiob blieb an Gott, auch als er nur dessen schwarze Seite abbekam. Und Dietrich Bonhoeffer sagte: »Auch wenn die Mörder Hand an mich legen, will ich glauben, in Gottes Hand zu sein und zu bleiben.« Dies ist die einzige Möglichkeit, dem Mord, der Gewalt, dem Tod nicht das letzte Wort zu lassen.

Jesus hat diesen Glauben bewährt, ja, Jesus hat diesen Glauben geeicht als die Wahrheit:

Die Zeit treibt uns von Gott nicht weg, sondern sie führt uns heim. So ist uns Zeit nicht »Chronos«, der seine Kinder verschlingt; Zeit ist uns nicht eine Wanderdüne nach der andern, die alles verdecken und ersticken. Sondern Zeit, von Jesus gelichtet, ist der Strom, der von Gott her zu ihm führt.

Meine Zeit in deinen Händen, heißt mir: meine Zeit verläuft in dir, Gott, meine Freuden- und Schmerzenswege geschehen in dir; du sammelst Freude und Schmerz; du, eben nicht der Weltenherr außerhalb im Irgendwo, sondern du Grund der Freude und des Leides.

Vielleicht hilft ein Bild. Man weiß, wo die Nordsee am meisten vergiftet ist – an ihrer tiefsten Stelle. Wenn Gott unser aller Tiefe ist, unser aller letzter Grund, sammelt sich in ihm unser aller Unheil.

Und das ist die Hoffnung der Christen, daß Gott die Sünde der Welt trägt, erträgt, abträgt, verdaut, heilt.

»Wie heißt Du, Gott«, fragte Mose am brennenden, sich nicht verzehrenden Dornenbusch. Und Mose hörte: »Mein Name ist: Ich werde für Euch da sein. Geh hin zum Volk und sage: Ich werde für Euch da sein wie ich für Euch da sein werde je und dann« (2. Mose 3,14).

Moses, erst recht Jesus, erfährt Gott nicht als zeitloses, weltloses Jenseits, sondern das Zeitliche ist Gottes Kapuze, das Zeitliche ist Gottes Außenseite. Im Wandel der Zeit ist er derselbe, nicht der gleiche; der da war, der da ist, der da kommt – derselbe, uns gegenüber, und doch sind wir in ihm eingebettet.

Zeit verantworten

Meine Zeit steht in Deinen Händen: das enthebt uns nicht der Verantwortung fürs Geschehen. Die Gewißheit, daß er der Letztzuständige ist, weil der letztlich Haftende, spannt uns ein und beschleunigt uns geradezu, doch Gottes Leiden mitzutragen im Rahmen unserer Kräfte.

Ist Zeit eben nicht ein Brei, in dem man langsam versinkt, sondern der Arbeitsprozeß Gottes an mir, dann muß ich Entwicklung schon zulassen. Die Kindheitsmuster, unter denen wir damals Gott und das Leben erfahren haben, diese Muster hatten ihre Zeit. Ich darf heute mehr ich selbst werden, darf einig werden mit Gott, der mir heute Freiheit und Geborgenheit zuspielt, wenn ich sie nur annehmen und wahrnehmen kann. »Der Glaube darf nicht eine Stunde alt sein«, sagt Musil. Das meint doch, wir dürfen nicht einem anachronistischen Gott glauben, dem Gott von damals, sondern dem, der uns heute begegnet und uns diese Zeit zumutet. Der vorwärtstreibende Gott ist unsere Zuflucht.

glauben

Glaube und Zweifel

Die sichtbaren, meßbaren Tatsachen für die ganze Wirklichkeit ausgeben, das ist schon borniert. Es ist unendlich mehr da, als wir messen können. Bis vor kurzem wußten wir nichts von Radioaktivität, konnten sie nicht denken, hatten keine Apparate für Messungen.

Die Zecke, jenes wunderbare Tierchen, kann nur Wärme und Schweißduft messen, und das reicht ihm völlig zum Leben. Wo Wärme und Schweiß ist, ist Kuh, und da ist es herrlich sein. Dieses Weltbild der Zecke ist nicht falsch, sondern es ist eng, hat Hoimar von Ditfurth gesagt. Es entspricht der Zecke genau.

Aber das dem Menschen gemäße Weltbild umfaßt eben nicht nur Essen und Trinken, Arbeiten und Sich-Fortpflanzen und Sterben, sondern, ja, Zukunft, also Hoffen; Schuld, also Gut und Böse unterscheiden; Vertrauen, also ein Raum jenseits der Beweise; Liebe; Schönheit; Kunst; für etwas dasein müssen und dürfen, also Sinn. Kurz: Der Mensch lebt nicht vom Brot allein, sondern von einem jeglichen Wort, das aus Gottes Mund geht (Matthäus 4,4).

Wie von selbst stellt sich uns der Gedanke »Gott« ein. »Gott« als die geniale Abkürzung vieler Worte: der Ursprung aller Möglichkeiten; der, der die Zukunft bereitstellt, der große Gärtner, der auch in uns Vertrauen wachsen läßt; und die Liebe, das Schöne, der Sinn und Endzweck alles Geschehens. Wir müssen Gott denken! Es gehört offenkundig zum Menschsein, Gott zu denken, wie wir an Wasser denken müssen im Dursten. Ist nun Gott eine Ausgeburt unseres Denkens? Ist Gott also ein Gedanke nur, von Wünschen geschaffen? Oder ist's doch genau andersrum: Daß wir Gott denken müssen – ist Hinweis, daß Gott ist, wie unser Durst ein Hinweis ist, daß es Wasser gibt. Also ist Gott keine Kopfgeburt von uns, keine Menschenidee, sondern der Mensch ist eine Gottesidee! Es scheint so, daß das Glauben zu uns Menschen gehört, daß es das Menschlichste am

Menschen überhaupt ist. Essen, Trinken, Schlafen müssen auch die Tiere. Aber an Gott glauben kann nur der Mensch!

Die Katastrophe des gottverlassenen Menschen

Es gibt, soviel ich weiß, kein Volk ohne Religion. Erst neuerdings gibt es Menschen in größerer Zahl, die von sich sagen, sie seien religionslos, Gott interessiere sie nicht mehr. Sie halten Gott für belanglos, für eine »Wortmumie«.

Zugegeben – Allgemeingut ist der Glaube nicht mehr. Es gibt einen Materialismus, der das Leben völlig banalisiert. Dann sind wir reduziert auf sinnliche Bedürfnisse: also es sich bequem machen, es sich gut gehen lassen, einfach nur lösbare Probleme an sich heranlassen. Es gibt Zeichen für eine neue, andere Gesellschaft, die auf uns zukommen könnte: gelangweilt, lieblos, freudlos, genußsüchtig, kinderlos, zukunftslos – lebende Tote.

Dostojewski sah die Katastrophe des gottverlassenen Menschen voraus: »Dann wird ein neues Leben sein, dann wird ein neuer Mensch sein, alles wird neu sein... Dann wird man die Weltgeschichte in zwei Abschnitte einteilen: Vom Gorilla bis zur Vernichtung Gottes und von der Vernichtung Gottes bis... Bis zum Gorilla!«

Doch glücklicherweise zählt zum Kernwissen des christlichen Glaubens, daß noch nicht ausgemacht ist, was kommt. Es ist noch offen, was aus uns wird. Jeder Tag ist eine neue Berufung in die Entscheidung: Wer willst du sein, wer willst du werden? Willst du dich als tiefgeliebten, hochbenötigten, von weither geschaffenen Menschen glauben? Willst du ein Gesandter des Jesus sein, »ein Brief Christi« (2. Korinther 3,3), aus dem die Mitmenschen Liebe und Hoffnung lesen können? Willst du an Gott glauben? Gott jetzt nicht als Zutat zu allem Möglichen, sondern Gott als der bestimmende Hintergrund, auf welchem du wahr und falsch unterscheidest (L. Wittgenstein). In welchem Tagebuch, glaubst du, sind deine Tage eingetragen, in deinem privaten oder im Journal Gottes?

Nichts zwingt uns an Gott zu glauben. Wir sind von ihm frei

geboren. Du kannst ihn anbeten oder dein Eigenheim; du kannst dich für sein Kind halten oder für einen biologischen Apparat. Was willst du glauben, für wen willst du dich halten? Das ist immer noch offen – jeden Tag neu.

Dein Glaube ist kein Gedankenspiel in einer Ecke deines Gehirns. Dein Glaube ist dein Innerstes, das dich trägt, das dich werden läßt. Dein Glaube prägt deine Sehweise auf Schritt und Tritt. Nicht – ich glaube nur, was ich sehe, sondern eigentlich ist es umgekehrt: Ich sehe nur, was ich glaube. Ich finde nur, was ich suche. Ich werde, was ich zu sein glaube.

Was du glaubst, wirst du finden

Ein Beispiel: Du mußt ins Krankenhaus. Du glaubst, du wärst dort allein, glaubst dich Ärzten und Schwestern ausgeliefert, die dich an Apparate hängen, weil es ihr Job ist. Was wirst du sehen, wenn du so glaubst? Eilige Ärzte, überforderte Krankenschwestern, kalte Maschinen: Und dich allein.

Glaubst du aber an Gott, glaubst dich in Gott geborgen, dann wirst du Ärzte und Schwestern als Mitarbeiter Gottes sehen mit Fehlern und Schwächen; Mitarbeiter Gottes, die dir seine Zuneigung vermitteln wollen, auch wenn sie es nicht wissen. Dann wirst du sie sehen lernen als Gefährten deiner Heilung.

Oder ein anderes Beispiel dafür, daß der Glaube das Sehen bestimmt. Du glaubst, die Erde habe keine Zukunft. Dann siehst du nur Verfall. Glaubst du aber die Erde als Gottes geliebte Schöpfung, siehst du ihre Schönheit, ihren furchtbar bedrohten, deiner Hilfe bedürftigen Glanz.

Oder: Du glaubst, die Menschheit sei ein Sauhaufen, nur wert, ausradiert zu werden. Wie siehst du dann Aids? Als Strafe anonymer Mächte? Glaubst du aber die schwierigen Menschen als von Gott zärtlich geliebt, dann wirst du Aids als grauenhaften Unfall sehen, und Gott ist fieberhaft in den Forschern beschäftigt, den Fehler zu finden. Darum ist es so grotesk, wenn Menschen sagen, Gott hänge uns Aids an den Hals, um uns zu strafen. Das ist eine perverse Frömmigkeit, fern jeder Erleuchtung durch Jesus Christus.

»Fürchte dich nicht, glaube nur« (Lukas 8,50)

»Wenn ihr Glauben hättet, so groß wie ein Senfkorn, ihr könntet Berge versetzen!« sagt Jesus (Lukas 17,5). Der Glaube ist Vertrauen, ist Gewißheit des Gewissens, ist Zugehörigsein. Der Glaube geht voran, dann folgt das Sehen! Wir können Glauben nur erfahren, also im Gehen. Voraus liegt immer Wagnis, Risiko, auch Gehorsam. »Auf Dein Wort hin«, sagt Petrus, »will ich die Netze auswerfen« (Lukas 5,5). Also – der Gehorsam gehört mit zum Glauben; das Wagnis, das Risiko. Und dann kommt die Erkenntnis aus eigener Erfahrung: »Wenn Ihr meinen Geboten folgt, werdet Ihr die Wahrheit erkennen, und die Wahrheit wird Euch frei machen« (Johannes 8,32). Also – nicht sehen und dann glauben! Sondern glauben und dann im Gehen erfahren, daß der Glaube trägt.

Wie Vernunft immer von Unvernunft bedroht ist, so ist das Vertrauen in Gott durch unsere Zweifel gefährdet. Wir sind ja Augenmenschen, wir sind Handmenschen. Wir lassen uns verzükken und verschrecken, wir gieren nach Sicherheit. Wir wollen festhalten und besitzen. Wir geraten in Panik, wenn uns die Unterpfänder für Vertrauen aus den Händen, den Augen gleiten. Dann sind wir wie Schafe, die keinen Hirten haben.

Zweifel treibt uns in Bindungen, an denen wir ganz irre werden können. Wir klammern uns an Strohhalme, als seien es Balken. Fliehen in Süchte, werden Sklaven von Horoskopen und Menschheitsbeglückern, gehen zu Wahrsagern, pendeln Zukunft aus. Wir versteifen uns auf unser Bankkonto. Der Zweifel macht sich mehr vor als der Glaube (Elias Canetti). Ja, es ist geradezu grotesk, wie viel man glauben muß, um nicht an Gott zu glauben. An Glücksschweine muß man glauben oder an Holz, auf das zu klopfen sich lohne; man muß an sich als Helden glauben, als seines Glückes eigener Schmied, bis Krankheit und Leid uns lehrt, wie sehr wir auch Geschmiedete sind. Was muß man nicht alles glauben, wenn man nicht an Gott glauben will? Und doch: Letztendlich trägt nicht unser Glaube uns, sondern Gott. Er verheißt: »Ich lasse mich finden von denen, die nicht nach mir suchen. Der meinen Namen nicht anrief, zu dem werde ich sagen: Hier bin ich!« (Jesaja 65,1) Und der große Ernst Barlach hat hoffentlich recht. Er sagt: »Ich habe keinen Gott – aber es sei gepriesen, daß es an dem ist, wie es ist: Ich habe keinen Gott, aber Gott hat mich.«

Credo pur: Gott erkennen auf dem Angesicht Jesu

Gott erkennen – wissen wir eigentlich, daß dies unsere innigste Leidenschaft ist? Ja, wenn wir Schafe wären, die grasen und dösen, traumverloren. Aber wir Menschen sind zu schade fürs Ungefähr. Unser Treibstoff ist die Suche nach Sinn, nach dem guten Ganzen, von dem wir ein Bruchstück, ein Teil sind.

Das Wort »Gott« meint das Allumfassende, den Sinn der Dinge und meiner selbst – Gott, der mütterliche – väterliche Lebensgrund.

Der, die, das Gute – wir müssen ihn denken, sonst enthaupten wir unser Weltbild. In Glück und Bedrängnis ist er Spender und Fluchtpunkt. Gott ist der oft schweigende, aber immer daseiende Seelenhintergrund für Hoffen und Bangen, die eigentliche Adresse unserer Gebete und Flüche, unserer Liebesgedichte und Klagen. Gott erkennen, isoliert, abgetrennt von uns, das können wir nicht. Aber er, der die Welt trägt und beatmet, er kann sich zu erkennen geben. Ja, Gott will sich zu erkennen geben, vielleicht ist das der Sinn des Universums.

Warum ist denn nicht einfach Nichts? Warum bist du da? Die Chance, daß du zur Welt kamst, stand nur eins zu annähernd unendlich. Das gilt für die ganze Welt. Nichts spricht dafür, daß es sie geben muß. Bis auf eins: Ihr Schöpfer will sich zu erkennen geben, und der ganze Kosmos ist sein Schmuck und Werk, in welchem er lockt, ihn zu suchen.

Wir suchen ihn überall als Heimat für unsere zerrissene Seele. Aber wir finden fast nur Betäubungen. Wir häufen Macht auf, wir möchten Menschen an uns binden. Wir suchen Schönheit und wollen sie besitzen. Wieviel Sonnenuntergänge bannen wir auf Zelluloid! Wir gehen am Meer entlang, Stunden, und wo Himmel und Erde verschmelzen, dahin verlieren wir uns, bis wir erschöpft feststellen: Ich hab ja Hunger. Und wieder war's mit Gotterkennen nichts. Zu schillernd ist die Natur – sie lehrt uns, Gott zu bewundern. Die Natur lehrt uns, Gott zu suchen. Aber ihn finden? Erkennen? Paulus weist die Richtung: Gott hat einen hellen Schein in unsere Herzen gegeben, daß durch uns Erleuchtung entstehe, Gott zu erkennen auf dem Angesicht Jesu (2. Korintherbrief 4,6). Das nimmt unseren Blick von der Totalen weg, konzentriert uns auf einen Menschen. Ein Schicksal zeigt das Ganze.

Nicht daß Gott so aussieht wie Jesus damals. Gott sieht überhaupt nicht aus, jedenfalls für unsere Augen nicht. Aber Gott ist so, wie Jesus ihn darstellt, ihn lebt, ihn tut. Wie könnte das gemeint sein? Man hat doch schon oft zu uns gesagt: »Das sieht dir ähnlich«; damit meint man, was wir tun, das läßt auf unser Inneres schließen.

Was Jesus tat und fühlte, das dürfen wir auf das Innerste von Jesus, nämlich auf Gott übertragen. Das sieht dir, Gott, ähnlich, was der Jesus gesagt, getan, erfahren hat. – So denken, dem Jesus nach Gott bedenken, ist's wohl richtig! Jesus nehmen als Schaufenster Gottes. Und sein Heiliger Geist ist dann lebendig, wenn in uns, zwischen uns gute Gedanken und Gefühle sprühen.

Gott erkennen auf dem Angesicht Jesu. Aber das Angesicht Jesu hängt nicht als Portrait im Museum. Sein leuchtendes, verläßliches, intensives Gesicht ist uns in die Seele geritzt. Biblische Geschichten stellen dieses Bild nicht erst in uns her. Jesus Christus, das Inbild der Bewahrung, ist uns eingeprägt von Geburt her. Die biblischen Geschichten und die Gemälde belichten nur nachträglich dieses Christusbild in uns.

In seinen Taten, auf seinem Gesicht geht der Gute, das Gute, geht Gott auf, geht Gott dir auf. Das Kind in der Krippe und abgeschwächt alle Säuglinge haben diesen Offenbarungsblick, der dir zuspricht: Du, Großer, wie ich Kleiner, wir sind Gottes Kinder. Ich Kleines komme frisch von Ihm her – ich spüre das Zusammengehören zum guten Ganzen noch mutterleibhaftig. Hast du, Großer, es bei allem Besorgen schon vergessen? Du bist, wie ich, von guten Mächten wunderbar geborgen.

Der Zauber der Kinder liegt doch nicht nur in ihrer Bedürftigkeit, sondern viel mehr in ihrem völligen Vertrauen: Ja, gut, daß ich da bin und du! Bei jedem Säugling steht wie beim Kind in der Krippe ein Chor der Engel, steht die Menge der Himmlischen

Heerscharen und sprechen: »Ehre sei Gott in der Höhe und Friede auf Erden und den Menschen ein Wohlgefallen aneinander.« Und die Bergpredigt, der Lockruf Jesu: »Liebet eure Feinde, tut wohl denen, die euch hassen« – dieser Ruf schüttelt uns in die wahre, die gemeinsame Beziehung zum Lebensgrund.

Im Angesicht Jesu geht dir der große Gotteshorizont auf. Verdecke ihn dir nicht durch Feindschaft. Was sucht denn dein Gegenüber? Letztlich doch die Bestätigung, daß er gut ist.

Vielleicht versucht er mit falschen Mitteln diese Bestätigung zu erlangen. Aber du kannst ihm sein Gutsein beibringen, kannst mit ihm gemeinsames Auskommen erlernen. Du, wenn du's versuchst, und es gelingt nicht, dann war die Last zu schwer, und die Umstände waren nicht günstig. Versuchst du es aber nicht, dann liegt es an dir, daß der Haß wächst.

In diesem Wissen ist Jesus auch in uns. Wir können ihn übertönen, aber irgendwann wird es ganz stille um uns, und dann hören wir diese Stimme, und das Entsetzen muß uns erreichen, sonst gibt es kein Weiter.

Mindestens dreifach wirkt Christus auf uns ein. Als Kind in der Krippe strahlt er uns zu: Gott liebt dich. Als Anleiter für freundschaftliches Leben sagt er uns: Gott braucht dich. Und als der, der ans Kreuz geschlagen wurde und auferstand, flößt er uns ein: Durchs Dunkle zieht Gott uns ins Heil.

So hat Gott einen hellen Schein in unsere Herzen gegeben.

Ach ja, da ist noch viel Graues und Schwarzes, Angst und Leid und Schadelust – und doch: ein heller Schein.

Du, ich, vom Wunsch getränkt, geliebt zu sein und es gut zu machen. Du, ich, voller Hoffnung, keine Fehlinvestition des Lebens zu sein. Doch, ja, auch Staunen über so viel Gelingendes; auch Trost im Mangel. Und Bäume pflanzen und Blut spenden. Als ich bei einem Autounfall einen Helfer sah, der den Verletzten von Mund zu Mund beatmete, wurde mir die Auferstehung Christi in unsere Herzen und Hände glaubwürdig. Alle hingebeugte Geduld im Pflegeheim, die Präzision im Konstruktionsteam, der Eifer im politischen Arbeitskreis – sie spiegeln doch Sinn-Erkenntnis dem Jesus nach, wie anonym und schwach auch immer. Tatsächlich geschieht Erleuchtung mittels der Menschen, die sich dem Zusammenleben widmen. Fragt man sie nach ihrer Kraftquelle, machen sie keine großen Worte. Aber im Tiefsten wissen sie: Es trägt uns einer. Und alles Glück ist Gnade, alle Fähigkeit ist Leihgabe und alle rettenden Ideen sind heiliger Geist.

leiden, sich freuen

Zeit zu leiden – auch ein Text für Karfreitag

Wir haben gelitten und wir werden noch leiden. Mag sein, daß du jetzt überschwemmt bist von niederziehendem Schmerz. Dann ist dir das Leben verdunkelt und du sprichst zu dir: ich stecke in einem tiefen Loch, meine Stimme erreicht niemanden, ich bin keinem mehr wert; keine Zuflucht, kein Ausweg, nur der bohrende Schmerz, verneint zu sein. Die anderen beschäftigen sich mit anderem. Ich bin schon für tot erklärt und fehle keinem.

Tief ist uns in die Seele geprägt das Angesicht des leidenden Jesus. Wie flüchtig auch nur wir von Kirche geprägt sein mögen, wohl uns, wenn das Urbild des Leidenden in uns auftaucht und spricht: »Ich bin bei dir.« Das nimmt nicht den Schmerz, aber nimmt das tödliche Gift der Vereinzelung und kann Räume öffnen.

Dein, mein Karfreitag, die Kapitulationen und Hinrichtungen, die Verachtungen und Folterungen, das In-sich-Krümmen der an Aids Sterbenden, das Verhungern und Verhungern-lassen – Jesu Karfreitag dauert noch an.

Sicher, es ist viel hellklingende Freude in der Welt, die Schönheit der prangenden Blumen, die Blüte irdischer Liebe, auch die Hochzeit zu Kana währt. Neben Sterben ist Werden. Doch neben Geburt und Fest und fleißigem Besorgen ist auch Sterben und Erstarren, Zerreißen, Verwerfen.

»Wer mir nachfolgen will, der nehme sein Kreuz auf sich« (Markus 8,34), sagt Jesus. Wir werden menschlicher durch erduldete Einschränkung und dem Verzicht auf Rache und Gegenwehr. Die dröhnende Selbstbehauptung endet, die Selbstgefälligkeit verblaßt. Niederlagen, die wir bestehen, machen uns größer als die Siege.

Aber wir sind gepackt von Angst vor der Ohnmacht. Ich will Herr der Lage bleiben. Doch als Herr der Lage verdränge ich, was ich im Kern bin: Empfänger von Gnade bin ich, ein Geduldeter im Leben. Ohne Leid bleibe ich närrisch.

Die Wahrheit liegt bei den Leidenden, sie sehnen sich nach Verwandlung. Aber ist denn Aussicht?

Im Leid wäre es der Umkehrpunkt, wenn das Bild vom gepeinigten Jesus vor uns aufstiege. Niemand anderes hat sich so intensiv mit Gott in eins gesehen; hat Gott, die Quelle alles Guten, in sich sprudeln sehen; er hat sich verausgabt an die Mühseligen und Beladenen; in seinem Lieben und Teilen sah er das Reich Gottes erstehen. Er lebte aus einer Gottinnigkeit, wie sie festlicher, solidarischer, intensiver nie zu Tage trat. Dieser wunderbare Mensch wird geschunden und bespieen, gepeinigt und an den Kreuzgalgen geschlagen. Sein Wort, sein Leiden schrie zum Himmel: »Mein Gott, warum hast du mich verlassen« (Markus 15,34).

Dieser Schrei bündelt der Menschheit ganzen Jammer. Die Quelle alles Guten ist von der Wüste verschluckt. Bis zum äußersten sind Sinn und Erfahrung auseinandergerissen. – Gott, du Sinn, warum hast du mich verlassen? Dieser Schrei der Entrechteten und Verzweifelten hat einen Schimmer von Licht. Es ist kein Fluch, kein glasharter Trotz, kein Einfordern: Wenn du allmächtig bist, dann beweise es; kein anmaßender logischer Schluß von mir aufs Ganze – wenn keine Rettung, ist kein Gott.

Licht schimmert in Jesu Schrei. Denn er hält sich dem hin, den er nicht spürt. Er streckt sich dem entgegen, den er so schmerzlich entbehrt. Er sagt: »Mein Gott« ins Dunkel. Sein letzter Atem ist Frage. Er harrt auf Antwort. So bleibt Leid offen hin zu Erlösung. Ob der Rest Schweigen ist, bleibt (wenigstens) offen.

Zwei Tage und zwei Nächte hallt der Schrei nach Gott. Das ist Höllenfahrt: Abgestorben sein, leergeweinte Augen, kalte Macht, keiner stellt zur Rede, keiner bereut; kein Berühren, kein Du. Aller Zukunft Zukunft der Tod, das Garaus, das Vorbei; Gott als eine zum kalten Klumpen erstarrte, abgetane Illusion.

Jesus nahm die Hölle auf sich aus freien Stücken. Er lud auf sich unsere Krankheit und trug unsere Angst. Aber es schien umsonst. Es galt als entschieden, daß wir ganz vom Tod verzehrt sein werden, und das ABC des Lebens heißt Enttäuschung, Erniedrigung, Versagen.

Die Nacht der Gottesferne währt, bis der dritte Morgen graute.

Der so zu ihm hin ausgebreitet starb, den hat Gott erhöht zu sich selbst. Im Bild von Vater und Sohn, dem alten Gleichnis für innigstes Einssein, versuchen wir zu buchstabieren: Gott selbst litt dies Leid, Gott liefert sich den Menschen aus, dem Machtwahn, der Willkür. Er stirbt den Tod des Jesus. Er selbst setzt sich dem Gottesschweigen aus. Gott läßt sich infizieren mit Ohnmacht, leidet von uns Gewalt.

Dies übersetzt hin zu uns heißt: Was er in Jesus getan hat, geht weiter. Gott starb nicht nur Jesu Sterben mit, sondern leidet auch unsere Tode, leidet unsere Schmerzen, schreit in unserem Schreien. Und wir machen ihn schreien, lassen ihn hungrig, tun ihm die Verachtung an, die wir gegen uns und andere hegen.

Aber wie kommen wir vom Wissen zum Fühlen, vom Denken zum Wollen? Es wäre das Ende der Misere.

Wenn Gott das Herz der Welt ist, das in unseren kleinen Ich's in Erscheinung tritt, dann ist Leiden Gottes Wesen. Alle Pfeile, die wir gegeneinander abschießen, treffen ihn. Mit Kainszeichen und Brandwunden und eingeätzten KZ-Nummern übersät ist er, das Du der Welt.

Er gibt sich an uns aus. Und wir zerbeißen Ihn wie ein zahnender Säugling die Brust der Mutter, die ihn nährt. Und Gott reißt uns nicht weg, setzt uns nicht ab, rottet uns nicht aus.

Gott kann uns leiden, das macht Ihn an uns leiden – und er schafft uns sich nicht vom Hals. Jeder Tag, den er werden läßt, ist ein prall gefüllter Speicher Vergebung und Wandelkraft; Brot und Wein, Bissen für Bissen, Schluck für Schluck, gute Gabe seiner selbst, daß wir nicht verzweifeln und verrückt werden.

Uns nimmt Gott vor uns selbst in Schutz, daß wir nicht verwahrlosen in Leid und Schuld, daß wir nicht uns und andere zerstören in wildem Haß über unseren Mangel, unser Verfehlen.

An Ostern offenbart Gott, daß er in Christus mit am Kreuz war, ja, daß Jesus nach Gott schrie in Gott. Wir fallen nicht aus dem guten Zusammenhang. Wie tief wir auch fallen, Er ist da. Kein Leid ist boden- und gottlos.

Letztlich werden wir sein wie vor dem Ertrinken Gerettete. Die Angst weicht zurück, der Raum für Güte weitet sich, die Lust, andere zu retten, wächst. Wir werden Dank, überströmender Dank.

Zeit zur Freude – nicht nur ein Ostertext

Freude ist dieser Geschmack am Ganzsein, im guten Ganzen zu sein mit sich und allen.

Wenn ein Kind mit andern im Spiel jauchzt; wenn zwei sich umarmen; Geschwister einvernehmlich das Erbe teilen; Menschen begeistert musizieren, ein großer Chor erschöpft und glücklich ist, daß Gutes gelang; wenn ein Kind geboren ist; wenn Menschen sich wieder versöhnen; oder für einen in Not eine Wohnung gefunden wurde, und dieser zum Einstand einlädt; wenn einer eine Prüfung bestanden hat; ein Kleid gelungen ist; man wieder Arbeit fand; oder endlich Frieden zwischen zwei Völkern anfängt – immer blitzt da das Gutsein des Lebens auf.

Wir freuen uns, aber das klingt so aktiv, als wäre Freude machbar. Es ist doch eher so, daß Freude uns widerfährt; sie überkommt uns, sie bemächtigt sich unser. Dann sind wir voll Freude, manchmal sogar vor Freude außer uns.

Leid engt ein, Freude öffnet

Eigenartig, wenn wir Schmerzen haben, ein solider Zahnschmerz reicht da schon, dann sind wir ganz bei uns. Dann kann noch so viel Wichtiges draußen passieren, wir sind ganz mit uns beschäftigt, sind egozentrisch. Schmerz und Leid zentriert mich.

Freude aber öffnet für das Ganze. Wildfremde Menschen werden Vertraute; die Freude auf dem Gesicht des Nächsten offenbart, daß wir vom Gemeinsamen leben. Liebende fühlen sich nicht mehr als Einzelne, sondern als Teile einer überirdischen Ganzheit.

Wenn ich außer mir bin vor Freude, bin ich ganz bei meinem wahren Selbst. Das ist nicht mehr mein kleines Ich, sondern die Weltseele, die auch in mir pocht und lodert. Ich könnte zerspringen, ich könnte platzen vor Freude. Diese Wendungen bewahren diese Wahrheit: Freude kehrt mich nach außen, Freude kehrt zueinander, macht uns zusammen groß und schön.

Auf mich allein gestellt ist massenweise Furcht da

Mein kleines Ich, auf sich gestellt, hat wenig Grund zur Freude. Stehe ich gegen den Rest der Welt, sehe ich die Welt als gegen mich gerichtet, dann ziehe ich mich zurück, fürchte Wärmeverlust und Ausbeutung. Oder, statt mich klein zu machen, versuche ich, mich breit zu machen; einen Schutzwall nach dem andern baue ich vor mir auf aus Wörtern, aus Besitz, aus Geld; ich suche Menschen mir gefügig zu machen, die mich schützen vor Kritik, vor Verlust.

Mein kleines Ich auf sich allein gestellt sieht sich immer bedroht. Wie soll da Freude mich tragen. Bin ich voll Mißtrauen, kann mich nichts von der Furcht abbringen: Alle Sicherheiten machen mich noch furchtsamer vor Verlust. Was bleibt, sind Schatten der Freude, schwache Vertröstungen: Gaumenfreuden, Schadenfreuden, Flimmerkiste, Rechthaberei. Doch schon sitzt das Nichts einem als Gesellschafter gegenüber, und man bekommt gegen sich und alles ein Grausen. Nur eins hilft: Mein kleines Ich muß Anschluß finden an das Große. Mein Ich muß aufgefaltet werden wie eine Knospe vom Wärmestrom. Ich muß erlöst werden, und das Lösungsmittel ist Freude.

Der Löser: Der Auferstandene

Ostern kam Christus zur Welt, der nicht endende Sog in die Freude. *Der* Ostertext steht in der Weihnachtsgeschichte: »Fürchtet euch nicht, siehe, ich verkündige euch große Freude, die allem Volk widerfahren wird: Euch ist heute der Heiland geboren« (Lukas 2,14).

Furcht ist nicht mehr nötig; Freude ist uns mitgeteilt. Sie widerfährt uns wie ein Sonnenaufgang, wie eine Liebe, wie ein Freispruch: Uns ist heute der Heiland geboren!

Der Jesus, der damals einzelne wenige Zeitgenossen von ihrer Selbstverlorenheit befreite, der Jesus, der um 30 am Kreuz starb, ist von Gott in die Gegenwart auferweckt; sein Leben verlief nicht im Sand, seine Weltsicht versickerte nicht in Friedhofserde wie so manche Philosophie. Im Gegenteil: der Jesus ist von Gott als Heiler, als Heimführer unserer Seelen zeitgleich gemacht jeder Zeit. Meine, deine Zeit ist Christus-Zeit, Freudenzeit, Zeit, mich in Gottes gutem Ganzen vorzufinden: Der Christus wirkt auf uns ein in ganz unerklärlicher Weise, als Mut, dich und mich als ein Grund der Freude Gottes zu glauben.

Du, ein Grund der Freude Gottes

Warum, wissen wir nicht, es spricht so viel dagegen, auf uns, auf mich, mein kleines Ich gesehen. Aber der Hund, an dem ich mich freue, weiß auch nicht, warum er mir Grund zur Freude ist. Das Bild ist etwas schief – und doch, nimm das an! Laß dir dies sagen: Du, ein Grund zur Freude Gottes, du ein Splitter von Gottes Ganzheit und deine Freude ein Abglanz seiner Gloriole.

Ach, Mensch, diese Widmung glaub. Diese Bestimmung verfügt dir Christus. Diese Beförderung, diese Adoption, diese Qualifizierung widerfährt dir. Laß es dir gefallen: Du, Grund zur Freude!

Mit Gottes Blick uns sehen

Heiler ist uns Christus, indem er unsern Blick wegnimmt von uns und ihn hinlenkt auf Gott. Das meint: wenn ich mich von innen besichtige, kann ich mich nur mit spitzen Fingern anfassen: So viel miese kleine Gier, so viel Dummheit, so viel Angst. Kein Wunder, daß ich die andern als mir ähnlich einschätze und immer auf der Lauer liege: Furcht als mein Antrieb.

Christus richtet meinen Blick aber auf Gott. Wie er mich sieht, so darf ich mich sehen. Er sieht mich an mit liebenden Augen: Du, mein Kind – auch mit deinen gefährlichen Kräften.

Die Predigt des Samenkornes

Du mußt auf Kosten anderer leben, aber werde auch den anderen Lebensmittel. »Wenn du dein Leben bewahren willst für dich, dann wirst du's verlieren. Wenn das Samenkorn nicht zur Erde kommt und erstirbt, so bleibt's allein. Geht's aber auf, so bringt's viel Frucht« (Johannes 12,24).

Jesus beglaubigt diese Predigt des Samenkornes durch sich bis in sein Sterben. Er gab sich aus als Wechselgeld der Liebe Gottes. Er war die Freude in Person. Seine Leidenschaft, seine Passion brachte ihm den Tod. Aber Gott ließ ihn durch den Tod hindurch erblühen in die Seelen der Menschen, und so ist er hier, dir das Trauergewand auszuziehen, den Furchtpanzer, die Schleier der Angst, zu versagen und nicht zu genügen.

Heute geschehe dir Auferstehung: Er hat dir den Sack der Trauer ausgezogen und dich mit Freude gegürtet (Psalm 30,12).

In dir brennt sein Feuer

Tief in dir angelegt ist der Glutkern Gewißheit: Gott ist mit dir einverstanden; nicht mit allem, was du tust, da braucht vieles viel Verzeihen, aber mit dir. Du bist ihm Grund zur Freude. Und die Freude an diesem Gott ist deine Stärke (Nehemia 8,10).

Sie richtet dich zu einem Selbstbewußtsein auf, das nicht aus Angeben und Leistung erwächst; nicht aus dem Vergleich mit anderen. Darum kann dich anderer Leute falsch gepolte Selbstsicherheit auch nicht kleinkriegen. Mit Vernunft und einer Portion Leidefähigkeit gewappnet, wirst du Freude in Fülle in deine und Gottes Scheunen fahren.

Du wirst zuletzt sagen: Ja, Liebhaber des Lebens, du hast meine Klage verwandelt in einen Reigen (Psalm 30,12).

Das Traumbild des Reigens aller Geheiligten vor Gott sei dir gegenwärtig auf dem langen Weg ins gelobte Land. Noch tragen unsere Freuden auch Trauerrand. Aber in unsere Trauerbriefe ist auch der Freudenregenbogen eingezeichnet.

Zeit für festliches Leben

Dieses saftige, mühsame, anstrengende, wunderschöne, schwere Leben mit Lachen und Weinen, Nehmen und Geben, Arbeiten und Feiern, Finden und Verlieren, gut sein und böse sein, Dummheit und Klugheit, herzen und ferne sein vom Herzen, streiten und Frieden schließen – lieben wir es? Was bedeutet es uns, daß wir leben dürfen? Ist es uns Mühe oder Zeitvertreib – oder ein Fest?

Zu Jesu Zeiten hielten die Frommen das Leben für eine ziemliche Mühe. Da wurde viel verzichtet und gefastet, irdische Freuden standen in schlechtem Ruf. Es galt, Tag und Nacht an Gott zu denken und die Gebote exakt einzuhalten. Aus Eifer und Vorsorge waren die zehn Gebote in mehr als 600 Gebote unterfächert. Abgezählt waren die Schritte, die man am Sabbat gehen durfte. Der Fromme war besessen von der Leidenschaft, innerhalb der Gebote zu leben, um so sich der Liebe Gottes würdig zu erweisen. Die Mühe sollte sich auszahlen nach dem Tod. Auf die zukünftige Gemeinschaft, auf die kommende Herrschaft Gottes freute sich der Fromme und war dafür bereit, jetzt das Leben als Last, als Pflichtpensum zu tragen. »Wohl dem, der einst am Tisch des Herrn im Reiche Gottes sitzen wird«, sagte bei Gelegenheit ein Frommer zu Jesus. Jesus aber sprach zu ihm:

›Dermaleinst‹ sagst du? Hör mal zu: Es war ein Mensch, der machte ein großes Abendessen und lud viele dazu ein. Und sandte seinen Knecht aus zur Stunde des Mahls, zu sagen den Geladenen: Kommt, denn es ist alles bereit! Und sie fingen an alle nacheinander, sich zu entschuldigen. Der erste sprach zu ihm: Ich habe einen Acker gekauft und muß hinausgehen, ihn zu besehen; ich bitte dich, entschuldige mich. Und der andere sprach: Ich habe ein paar Ochsen gekauft, und ich gehe jetzt hin, sie zu besehen; ich bitte dich, entschuldige mich. Und der dritte sprach: Ich habe eine Frau genommen; darum kann ich nicht kommen.

Und der Knecht kam und sagte das seinem Herrn wieder. Da

war der Hausherr zornig und sprach zu seinem Knechte: Gehe schnell hinaus auf die Straßen und Gassen der Stadt und führe die Armen und Krüppel und Blinden und Lahmen herein. Und der Knecht sprach: Herr, es ist geschehen, was du befohlen hast; es ist aber noch Raum da.

Und der Herr sprach zu dem Knechte: Gehe aus auf die Landstraßen und an die Zäune und nötige sie hereinzukommen, auf daß mein Haus voll werde. Ich sage euch aber, daß der Männer keiner, die geladen waren, mein Abendessen schmecken wird. (Lukas 14,16-24)

Lukas hat nicht festgehalten, wie der Fromme die Geschichte aufnahm. Das ist gut. Denn es kommt ja darauf an, wie wir sie aufnehmen, wie wir uns ändern lassen durch Jesu Sicht des Lebens.

Jesus vergleicht das Leben mit einem großen Fest. Viele sind eingeladen seit langem. Eine Stunde vor Beginn schickt der Gastgeber seinen Knecht los, den Geladenen auszurichten: Kommt, es ist alles bereit. Aber sie fingen an, sich der Reihe nach zu entschuldigen. Sie hatten triftige Gründe, wollten nicht beleidigend sein, wollten nur sagen: Ich habe etwas Wichtiges zu erledigen. Ich komme später. Fangt schon mal an! Der Gastgeber ist verärgert. Aber es sind ja andere da, die gerne mitfeiern. Holt her, wen ihr findet, je bedürftiger, desto lieber. Mein Haus soll voll sein. Wenn die Geladenen sich endlich bequemen zu kommen, wird alles verzehrt sein; sie werden mein Mahl nicht schmecken.

Dieses Gleichnis hat die Kirche in ihrer langen Geschichte verschieden gedeutet. Zuerst diente es zur Begründung der Mission: Die Juden, die Erstgeladenen, sind nicht gekommen; sie haben Jesus nicht angenommen; dann ging die Einladung weiter an die Heiden. Dann wurde aus dieser Geschichte das Recht abgelesen, daß die Kirche die, die nicht im christlichen Glauben sind, in die Kirche nötigen soll. Augustin, der Kirchenvater im 4. Jahrhundert, las aus der Geschichte das Recht ab, die Menschen zu ihrem Glück zu zwingen. Und dann wurde diese Geschichte gelesen als Drohung, vom Ewigen Leben ausgeschlossen zu sein: Wenn du jetzt der Einladung zum Gottesdienst nicht folgst, wenn du jetzt die Vorspeise auf den Himmel verachtest, stehst du später vor verschlossenen Himmelstüren. Aber diese Deutungen führen weit weg. Jesus erzählt die Geschichte ja einem, der sich für fromm hält, der sich auf zukünftige Gottesherrschaft freut und bis dahin das Leben erleidet. Dem erzählt Jesus die Geschichte vom Fest, das Gott jetzt gibt.

Jetzt, Mensch, jetzt!

Jetzt ist das Reich Gottes herbeigekommen (Markus 1,15). Jetzt seid ihr vom Tod zum Leben hindurchgeschritten, wenn ihr mir nachglaubt und liebt und hofft (Joh. 5,24).

Jetzt ist das Fest Gottes im vollen Gange. Was hältst du noch Ausschau nach ›dermaleinst‹. Jetzt bricht die Fülle an. Jetzt teilt Gott die Freude aus. Jetzt schon! Gewiß auch dann, dann in der großen Fülle! – Jetzt noch unter Tränen, unter Trauer, mit Schmerz, mit Schuld gemischt. Jetzt noch bleibt Sehnsucht nach mehr. Aber feier doch jetzt schon das Leben – und Gott als den Gastgeber. Du darfst jetzt festlich leben!

Jeder erinnert sich hoffentlich an ein großes Fest: Einen Kindergeburtstag, eine Hochzeit mit vielen, ein Richtfest – und wir waren fröhlich und sorglos und unbekümmert. Wir mochten uns, wir mochten andere, wir konnten uns leiden, konnten andere leiden. Wir gehörten zusammen. Wir waren beteiligt, wir freuten uns gemeinsam. Wir waren durchlässig füreinander, einer lachte, wir lachten mit. Einer führte etwas auf, wir ließen uns mitreißen. Wir waren ganz bei der Sache, ganz im Augenblick. Wir waren froh. Fremde wurden uns vertraut. Wir entdeckten uns anders, anders, als wir uns zu kennen meinten. Ich konnte mich auch am Glück der anderen freuen. Einer war traurig, und einer nach dem anderen redete mit ihm, bis er wieder mitmachen konnte. Einer entdeckte, daß er malen konnte. Einer entdeckte, daß er dichten konnte. Einer fand endlich Mut, sich zu kostümieren. Einer, der meinte, er wäre zu schade fürs Spülen, hat begeistert nachher mitaufgeräumt. Da war auch Mühe beim Fest, aber sie war leicht, wie die Mühe im Spiel.

Jetzt das Leben als Gottes Fest mitfeiern, dazu lädt Jesus ein. Wir dürfen jetzt festlich leben. Freude soll unser Kennzeichen sein! Freude stiften und Freude genießen!

Ja, da ist Trägheit, Faulheit, Bequemlichkeit. Da sind Illusionen, die uns verrückt machen, da ist Gebrechlichkeit, da ist Dummheit, die weh tut, da ist viel Müdigkeit, viel Angst, viel Pfusch an unserem Lebensbau. Zwei notwendige Einrichtungen unseres Lebens können zu Fallgruben werden: Wie entschuldigten sich in Jesu Geschichte die Geladenen? »Ich kann nicht kommen; ich bin gerade damit beschäftigt, mir ein Grundstück zu kaufen.« »Ich bin gerade dabei, ein paar Ochsen zu kaufen.« Und der dritte: »Ich habe mich gerade frisch verheiratet.«

Natürlich müssen wir alle arbeiten. Nicht alle bauen ein Haus, aber alle müssen wohnen können. Darum Dank denen, die ein Haus bauen. Nicht alle kaufen Ochsen oder Traktoren oder investieren in eine Firma. Aber alle müssen wir mitproduzieren und verteilen oder Dienste leisten. Wir müssen einander nützlich sein. Alles, was mit Geschäft und Geldverdienen und Arbeit zu tun hat, muß nicht notwendigerweise vom festlichen Leben abbringen. Aber in uns ist eine Habgier, eine Sicherungsgier, die alle Lebensfreude ersticken kann: »Ja, wenn alles getan ist, dann darf ich feiern! Noch zehn Jahre harte Arbeit und mich teuer verkaufen und harte Bandagen, den Vorteil wahren und effektiv sein. Nur was in Mark und Pfennig sich zählt, das zählt. Alles andere ist Luxus: Freundschaft, Nächstenliebe, Gerechtigkeitssinn, Güte und Gutsein und Nachdenken und Freude am Schönen und Kammermusik oder Sekt – nein, dafür habe ich keine Zeit! Ach, lieber Gott, komm mir damit nicht jetzt! Noch nicht! Noch ruft die Pflicht. Und abends bin ich so müde, daß mir die Flimmerkiste reicht. Aber in ein paar Jahren oder wenn ich auf Rente bin, dann wird alles anders, dann fange ich an zu leben.« – Die Lockung zum Haben steht dem festlichen Leben entgegen.

Und die andere Bedrohung ist, für mich zu bleiben. Ich und meine Wohnung, meine Ehe, meine Kinder, meine Familie, das ist das Leben! »Tu Hus is best!« Zwei, drei Freunde, aber mehr nicht. Draußen – das sind die anderen, die wollen einem nur in die Töpfe gucken.

»Was grüßt du den, den kennst du doch gar nicht!« Argwohn, daß Freunde mich verlachen, wenn ich anders denke als sie. Distanz gegen die, die mir etwas wegnehmen könnten. Unverbindlich bleiben, sich nicht einmischen in die Angelegenheit anderer Leute – das bringt nur Ärger, man verpflichtet sich zu sehr! – Und dann sage ich bei mir selbst: Ach, lieber Gott, du lädst ein zum Leben in Gemeinschaft! Das ist ja gut gemeint, aber laß mich lieber, wie ich bin. Ich bin mir selbst genug. Vielleicht komme ich noch auf den Geschmack, später!

Wir schließen uns selbst aus

Wenn ich erzogen wurde, Geldvermehren für den Sinn des Lebens zu halten, wie soll ich anders werden können! Wer nur die Familie des Vertrauens werthält, die anderen aber für feindliches Ausland, wie soll er umlernen? Ich glaube nicht, daß Gott uns zurückstößt, wenn wir ihn bitten, auch wenn es so drohend klingt in der Erzählung: »Von denen, die zuerst geladen waren, wird keiner mein Mahl schmecken.« – Nicht, weil vom festlichen Leben dann nichts mehr da ist, wenn die sich besinnen; nicht, weil sie vor verschlossenen Türen stehen, sondern weil wir den Geschmack am festlichen Leben verloren haben! Fremd geworden ist uns die Freude am Teilen, am Verstehen des anderen. Wir haben kein Interesse mehr, uns mitzuteilen, anderen Einblick in uns zu gewähren. Nach 30, 40, 50 Jahren eines bestimmten Lebens sind wir überraschungsfrei geworden. Wir sind dann hoffnungslos, sprachlos, dahingeglitten in ein düsteres, stummes Leben. Wer 40 Jahre nur auf seinen kleinen Vorteil achtete, der ist wohl unfähig zur Freude ohne Berechnung geworden. Die harten Bandagen des Lebenskampfes wird man nicht mehr los; die Boxhandschuhe, mit denen man sich durchs Leben schlug, sind einem angewachsen. Wer immer nur zugepackt hat, wie soll der noch streicheln können? Wer immer nur befahl und gehorchte, wie soll der auf einmal zuhören aus Zuneigung? Wer immer nur in Besitz seinen Wert maß, wie soll er Liebe genießen können? Wer 20 oder 40 Jahre das Geldverdienen für die sinnvollste Beschäftigung hielt, dem ist der Geschmack am Nicht-Käuflichen abhanden gekommen, dem zählt nur, was etwas kostet. Das ist die Tragödie derer, die meinen, die Einladung zum Fest des Lebens aufschieben zu können. Darum Jesu Lockruf, jetzt das Leben mit Gott zu feiern. Jetzt oder nie.

Jesu Ruf, jetzt mit Gott zu leben, verschließt den Himmel nicht für die, die spät kommen. Die, die jetzt schon das Leben festlich leben dürfen, weil sie Christen sind, die sollen auch noch mit dem Himmel beschenkt werden, während die anderen, die nur gerackert haben, sich und anderen nichts schenkten, ausgeschlossen sein sollen vom Himmel? Welch ein kleinkarierter Gott, der Gott der Zeugen Jehovas vielleicht, nicht der Vater Jesu. Nein – Jesus lockt anders. Natürlich läßt Gott das Fest des Lebens nicht ausfallen. Nur: Feier doch schon mit, jetzt! Verschieb das Leben nicht auf später.

Ich habe den jungen Mann vor Augen; in abgerissener Kleidung sitzt er vor dem Kaufhaus, sitzt da versunken und spielt Flöte. Viele hetzen vorbei. Einige bleiben stehen und lassen sich für einen Augenblick abbringen vom nützlichen Geschäft. – Ich sehe meine Kinder: Vater, guck doch mal mit fern und dann noch eine Pizza backen. – Ich denk an den altgewordenen Kollegen: Bei seiner Verabschiedung hatte man baldiges Besuchen versprochen. Seine leuchtenden Augen, wenn man endlich kommt. – Ich denk an Menschen, die Talent haben zum Lachen, zur Freundlichkeit, und die es sich gönnen, sich als geliebt zu erleben.

Wenn man sich einsetzt für einen Menschen, der verachtet ist, kann es sein, daß man Freunde darüber verliert. Das sichere Gehege der üblichen Meinung verlassen, bringt Mißbilligung. »Einer trage des andern Last mit« – das belastet auch.

Festlich leben, verbunden und teilnehmend, das zehrt. Aber wir sind ja nicht nur als Genießer zur Tafel des Lebens geladen, sondern als Mitarbeiter. Die dürfen auch »schmecken und sehen«, aber sie richten das Fest mit aus.

Es ist nicht egal, wie wir das Leben verstehen. Scheint es uns eine Zumutung, so degradieren wir Gott zum Schinder; ist es uns nur Zeitvertreib, so verspotten wir Gott als Papa – »der Papa wird's schon richten, s'gehört zu seinen Pflichten«. Leben wir aber festlich teilend, dann ehren wir Gott als den Gastgeber des Lebens. Dostojewski sagt: »Jede Minute, jeder Augenblick des Lebens muß für den Menschen eine Seligkeit sein! Das muß es unbedingt, das muß es. Es ist die Pflicht eines jeden Menschen, es so einzurichten.«

Freude aus Freundschaft

In einem Anzeigenblatt war zu lesen: »Ich höre Ihnen zu. DM 20,- pro Stunde und die Telefonkosten.« Nicht, daß einer 20 Mark nimmt fürs Zuhören, schreckt mich auf. Da nehmen andere mehr Geld. Erschütternd ist, daß viele Mitmenschen dieses Angebot wohl in Anspruch nehmen, weil sie einsam sind.

Es quält, verlassen zu sein. Die düsteren Abende der mit sich alleingelassenen Frauen, die vielen vor ihren Schnapsgläsern aufgeweichten Männer, Junge und Alte, mit denen keiner teilt, und die mit keinem teilen. Wir alle brauchen Freunde. Aber wir haben allermeist wenig Freunde, weil wir wenig Freund sind.

Die meisten Bereiche unseres Lebens sind durch Kaufen und Verkaufen geregelt. Immer mehr Güter werden zu Waren. Die Briefkästen sind voller Angebote. Ein handgeschriebener Brief ist schon Labsal. Wir bieten einander gegenseitig Nutzen an, haben Interessen, nicht Interesse. In einer Gesellschaft von Konkurrenten erscheint Freundschaft anormal. Der Philosoph Arthur Schopenhauer sagte: »Dem steht der Egoismus der menschlichen Natur so entgegen, daß wahre Freundschaft zu den Dingen gehört, von denen man, wie von kolossalen Seeschlangen, nicht weiß, ob sie irgendwo existieren.« Und trotzdem, daß einer mir wohl ist, weil ich ich bin – der Wunsch nach Freundschaft ist lebendig.

Im Deutschen stammt das Wort Freund aus zwei Wurzeln: Aus Freund und Freimachen. Im Lateinischen heißt der Freund »amicus«, von »amare« – lieben. Im Griechischen sind lieben und befreundet sein eins. Im Hebräischen ist der Freund auch der Geliebte.

Im Hohen Lied der Liebe heißt es: »Mein Freund ist mir ein Büschel Myrrhen, das zwischen meinen Brüsten hängt« (1,13); »Wie eine Lilie unter Dornen ist meine Freundin« (2,2).

Kann man Freundschaft gegen das Lieben abgrenzen? Muß man es? Jedenfalls ist Freundschaft das wichtigste Stück einer auf Dauer und Gewohnheit angelegten Liebe (Ernst Bloch).

Dieser Bund fürs Leben zielt auf tagtägliches Teilen und Beeinflussen. Ich kann mehrere Freunde haben, aber nicht mehrere Ehegefährten. Und doch, in der Substanz ist Ehe zuallererst Freundschaft, wachsende, wenn sie gelingt. Das vernichtendste Urteil über ihre Ehe läßt Maxim Gorki eine Frau in den »Sommergästen« aussprechen: »Wir waren zwar Mann und Frau, aber Freunde sind wir nicht gewesen.« Kurz: »Es gehen die meisten Ehen nicht aus mangelnder Liebe, sondern aus mangelnder Freundschaft zugrunde« (Ernst Bloch). Dann sieht man sich in die Augen, und ich seh nur mich und du siehst nur dich. Dagegen hilft nur Freundschaft. Die Freude eines Menschen an einem anderen – wir haben sie gespürt, spüren sie hoffentlich noch täglich. Die Freude, daß dieser Mensch ist, daß er da ist, nicht unbedingt bei mir, sondern daß er überhaupt lebt in Verbindung zu mir – und wir wollen miteinander teilen. Wie Frauen sich in die Arme fallen können! Ja, Männer auch, aber sie landen bald bei Sachwerten und Diskussionen. Frauen können sich austauschen, sie können erzählen mit großer Gebärde und, einander bestätigend, feuern sie sich an. Zur Goldenen Konfirmation, nach langer Trennung, wie weinen sie vor Freude über die Wiedergefundenen und tauchen ein in Erinnerungen.

Freunde helfen einander Last tragen. Sie lassen sich nicht zweimal bitten; zögern auch nicht, um Hilfe zu rufen. Freunde bieten kritisches Geleit. Aber »mit Fühlern, wieviel Aufrichtigkeit der andere gerade nicht vertragen kann, und also Geduld« (Max Frisch). Freunde sind einem gute Richter, die erfahren haben, wovon sie sprechen. Die nicht recht behalten wollen, sondern dem anderen helfen, sein Gesicht zu wahren.

Wir brauchen Freunde, Menschen, die uns zugeneigt sind, die ihre eigenen Dunkelheiten nicht weglügen, ihre Interessen nicht verbergen. Sie können zur Wahrheit helfen: »Wie sich im Wasser das Angesicht spiegelt, so ein Mensch im Herzen des anderen« (Sprüche 27,19).

Die Verheißung der Weihnachtsgeschichte sagt es überdeutlich:

»Ehre für Gott und Frieden auf Erden und den Menschen ein Wohlgefallen« aneinander (Lukas 2,14).

Im Wohlgefallen aneinander will Gott sich finden lassen! Er hat seine Freundlichkeit versenkt in Fleisch und Blut. In uns Staubgeborenen hat Gott seine Ebenbildlichkeit versteckt. Und wir sind fähig, einen Zipfel von Gott im anderen zu finden.

Ja, wir kommen aus haßgefüllten Zeiten. Der Mensch dem Menschen ein Wolf, das ist nicht nur ein Zitat, sondern Erfahrung mit mir selbst. »Lieber einen Freund verlieren als eine gute Pointe«, das hat ein Kollege mir mal zurecht gesagt. Die Hilflosigkeit des anderen nutzen zum Punktesammeln aufs eigene Konto ist auch eine Lust. Die Giftfrüchte blühen überall: in den Hänseleien auf dem Schulhof, in gehässigen Parlamentssprüchen und im satten DM-Wechselkurs zu Lasten der armen Länder.

Doch die andere Lust, die uns treibt, ist die nach einer freundschaftgetönten Weltbeziehung, wo der Ekel aufhört, die Verachtung endet, auch die Hörigkeit; und wo Verbundenheit wächst.

Jesus hat diese freundschaftliche Zuneigung zum Lebendigen in fast jeder Form nahegelegt. Auf dem Grund des Menschenbrunnens schimmert ein Bild des wahren Menschen, eben dieses Jesus Christus. In allen Geschichten über ihn flutet dieser Wärmestrom der Freundschaft. »Lasset die Kinder zu mir kommen!« sagt er (Matthäus 19,14). »Ihr Mühseligen und Beladenen, kommt!« (Matthäus 11,28). Jesus, der Freund der Sünder und Zwielichtigen, der im Garten Gethsemane seine Jünger zum Freundschaftsdienst drängt: »Könnt ihr nicht eine Stunde mit mir wachen?« (Matthäus 26,40). Jesus, der dem Petrus, dem dreifach Verleugnenden, das Hirtenamt überträgt, den Sünder groß macht durch Verantwortung. Jesus, der noch sterbend am Kreuz zu seinem Jünger, den er liebte, mit Blick auf Maria sagte: »Siehe, das ist jetzt deine Mutter.« Und zu Maria sagte er: »Siehe, das ist dein Sohn« (Johannes 19,26-27). Jesus hebelt die uralten Instinktordnungen, die an Blut und Besitz gekettet sind, aus und spannt ein Freundschaftsnetz. Die Menschen, die ihm nachleben, nennt er Freunde Gottes. Er löst uns ab von der Selbstanbetung, der dauernden Podestbauerei für unser eigenes Ich.

»Machet euch Freunde mit dem ungerechten Mammon«, sagt Jesus (Lukas 16,9) und leitet all unsere Begabungen auf die Mühle der Freundschaft. Jesus fragt: Siehst du einen, der wie ein fruchtloser Baum dasteht? Geh hin, bedünge ihn, wässere ihn, auf daß er Frucht bringe (Lukas 13,8). Früchte der Freude kosten Kraft; aber wofür hast du sie denn? Man muß für andere leben, wenn man sich selber leben will. Was bleiben wird von uns, sind die Spuren der Freude, die wir ins Leben anderer gezeichnet haben.

Ja sicher, auch die Macht- und Verwaltungskirche, die Jesu Botschaft verwässert und entstellt, erwuchs aus dem Jüngerkreis; aber vor allem doch die Kirche der Brüder und Schwestern – die Gemeinschaft der Heiligen. Und was hindert dich, sie mitzubauen? In dem der Freundschaft bedürftigen Nächsten wartet Gott, daß wir ihn entdecken. In leuchtenden, dankbaren Augen aufersteht Jesus Christus neu. Wenn Menschen einander unvergängliche Dinge sagen und sie, was die Gerechtigkeit fordert, aus freien Stücken, aus Freundschaft geben, bauen wir doch das Reich Gottes mit.

Das Himmelreich ist einem winzigen Senfkorn ähnlich. Es wächst zu einem Baum mit weitausladenden Zweigen, wenn wir, ja, wenn wir nicht beiseite stehen und lamentieren: Es gibt so wenig Freunde. Nur der Narr klagt: »Niemand ist mein Freund!« (Sirach 20,17)

Suchen wir Freunde, werden wir Freunde!

Erfahren: »Ja, der weiß, was ich brauche!« – das ist ein Stück Friede, Geschmack finden daran, sich einzufühlen in den Fremden und die Verwandtschaft spüren! Bei Co-op, an der Kasse, wenn einem 50 Pfennige fehlen für seinen Pack Bier und er ihn zurücktragen soll. Und du legst das Fehlende drauf – das ist doch schon ein Stück Himmel. Der zornableitende Vorschlag, die aus der Peinlichkeit erlösende Geste, der Brief für den Gefangenen des Monats aus der Liste von Amnesty. Dem Bettler sagen: »Was du tust, ist auch Arbeit!« Ach, dieser Geschmack am Menschlichen!

Beginnen wir unzählige Freundschaften, auch wenn sie selten über das Grußstadium hinauskommen! Und rufen wir einen heute an, schreiben dem, der so lange nichts von uns hörte. Weben wir das Netz der Freundschaft. »Jeder noch so flüchtige Kuß: ein Segen.« (Peter Handke)

Verheißung der Ehe und ihre Bedrohung

Jeder von uns stammt von einem Paar ab. Nahezu jeder kommt aus einer Ehe und lebte oder lebt in einer Ehe oder wird es tun. Keine Institution ist prägender, keine Gemeinschaft beschäftigt uns in Taten und Worten oder Erinnerungen oder Erwartung so wie die Ehe.

Das Wort »Ehe« verwahrt laut Grimms Wörterbuch das griechische Wort »aion« – ewig, heilig. Kein Vertrag unter anderen, sondern eine Ursprungsordnung, vergleichbar nur der Beziehung Eltern – Kinder, aber noch stärker und bindender: »Der Mensch muß Vater und Mutter verlassen und an seinem Gefährten hängen.« (1. Mose 2,24) Kinder sind zum Gehen bestimmt, Eheleute aber dazu da, beieinander zu bleiben.

In unserem Land wird fast jede zweite Ehe geschieden. Soviel haltgebende Strukturen von ehemals sind nicht mehr. Die bäuerliche Lebensform, die vielen Generationen unter einem Dach, die vielen Kinder, auch Ehe als die einzige von der Gemeinschaft lizenzierte Möglichkeit, geschlechtlich zu leben; überhaupt Ehe als Ort der Familie. Von Familie und Besitz und Kirche her, nicht notwendigerweise von Liebe her, wurde Ehe definiert, und ohne die anderen Stützen ist die Liebe, ist unsere Liebesfähigkeit oft überfordert.

Und doch: Uns Menschen muß eine Anlage mitgegeben sein zur Zweieinigkeit. *Ein* Baum auf einer Wiese allein läßt an Einsamkeit denken, zwei Bäume beieinander erinnern uns an Gespräch, Einverständnis, Austausch.

»Es ist nicht gut, daß der Mensch allein sei«, sagt Gott im Schöpfungsbericht ganz klar (1. Mose 2,18). Und wie ein Kommentar dazu schreibt der Prediger Salomo: »So ist es besser zu zweit als allein, denn sie haben guten Lohn für ihre Mühe. Fällt einer von ihnen, so hilft ihm sein Gesell auf. Weh dem, der allein ist, wenn er fällt! Dann ist kein anderer da, der ihm aufhilft. Auch, wenn zwei beieinander liegen, wärmen sie sich; wie kann ein einzelner warm werden? Einer mag überwältigt werden, aber zwei können widerstehen, und eine dreifache Schnur reißt nicht leicht entzwei« (Prediger Salomo 4,9–12).

Füreinander bestimmt

Die Sehnsucht, paarweise zu leben, ist uns wohl von Natur aus bestimmt. Und die intensivste Form als Paar zu leben ist die Ehe. Daß sie gelingen kann und soll ist Verheißung, ist Hoffnungszeichen in einer Welt, die an Lieblosigkeit krankt. Ihrem Wesen nach ist sie ein Freundschaftsbund ohne Wenn und Aber. Ein Text aus Markus 10 zeigt, daß Jesus sie als einzigartige Institution einschätzt (V. 2–9): Und Pharisäer traten zu Jesus und fragten ihn, ob ein Mann sich scheiden dürfe von seiner Frau. Er antwortete und sprach zu ihnen: »Was hat euch Mose geboten?« Sie sprachen: »Mose hat zugelassen, einen Scheidebrief zu schreiben und sich zu scheiden.«

Jesus aber sprach zu ihnen: »Um eures Herzens Härte willen hat er euch dieses Gebot geschrieben; aber von Beginn der Schöpfung an hat Gott sie geschaffen als Mann und Frau. Darum wird ein Mensch seinen Vater und seine Mutter verlassen und wird an seinem Gefährten hängen und die zwei werden ein Fleisch sein. So sind sie nun nicht mehr zwei, sondern ein Ganzes. Was Gott zusammengefügt hat, das soll der Mensch nicht scheiden.«

Es fragten die Rechtskundigen seiner Zeit: Darf man sich scheiden lassen? Sie sprachen nur vom Recht des Mannes. Auf diese Borniertheit, diese alte Sünde der Männer, ihre Anmaßung, mehr Rechte zu haben als die Frauen, geht Jesus nicht ein. Er setzt die Gleichwertigkeit von Mann und Frau dagegen.

Ein Ganzes werden

Darf man sich scheiden lassen, fragten sie damals. Heute fragen viele gar nicht und sagen: Wir heiraten, und wenn wir uns nicht mehr lieben, lassen wir uns scheiden. Findet sich bei beiden nicht die gleiche Tendenz?

Die Damaligen beriefen sich auf Moses. Die Heutigen berufen sich auf ihre Freiheit. »Aber ihr«, sagt Jesus, »ihr, die ihr das

Recht auf Scheidung behauptet, wißt ihr, was ihr tut?« Ihr glaubt ja gar nicht an die Verheißung Gottes für euch zwei. Ihr glaubt ja gar nicht, daß Gott euch auf einen gemeinsamen Weg geschickt hat, auf dem ihr Segen erfahren sollt und Glück und Frieden und Verstehen und Treue. Wenn ihr das Recht auf Scheidung behauptet, dann baut ihr den Notausgang gleich mit ein. Ihr wollt Ehe gar nicht wagen, wie Gott sie meint. Ihr wollt gar nicht die unausgesetzte Arbeit auf euch nehmen, mit einem Menschen ein Ganzes zu werden. Was ihr wollt, sind die Vorteile einer Ehe ohne die Verantwortung für diesen Menschen. Ihr wollt ihr selber bleiben, ohne ein Wir zu werden. Ihr wollt euch nicht an den anderen drangeben. Ihm der erste Nächste werden, mit ihm zusammen liebender Mensch werden, das wollt ihr nicht! Weil ihr Angst habt, eure Freiheit zu verlieren. Ihr lauft noch einem Wunschbild hinterher: Ich, das Zentrum meiner Welt, wie klein sie auch sein mag. Aber so ist es von Gott nicht gemeint! Keiner hat seine eigene Welt. Sie ist uns gemeinsam anvertraut. *Darum* schuf Gott den Menschen als Mann *und* Frau und veranlagte uns, mit anderen, mit mindestens einem anderen, ein Ganzes zu bilden.

Nicht, daß einer sich den anderen hält zur Dekoration seiner Welt. Nicht, daß einer den anderen benutzt zur Mästung seines Ichs. Sondern eine Welt, ein Wir, ein Ganzes, ein Fleisch, ein Leib sollen sie werden.

Natürlich ist dann Freiheit begrenzt, begrenzt von der Freiheit des anderen. Was Jesus als die Essenz des Gesetzes und der Propheten nennt, nämlich: »Was du willst, daß man dir tu', das tue auch anderen« (Matthäus 7,12), das gilt doch zuallererst dem mir an die Seite gestellten Nächsten. Das ist das Ende der Freiheit eines isolierten Ichs. »Einverstanden, du willst nicht Unfreiheit. Aber das Gegenteil von Unfreiheit ist nicht Freiheit, sondern Verbundenheit« (Martin Buber).

Der Traum vom Paar

Es beginnen alle Ehen mit der Hoffnung: »bis daß der Tod uns scheidet«. Denn in unserem Innersten geben wir Jesus recht: Vom Beginn her, vom Ursprung her hat Gott mich für einen

Menschen vorgesehen. Wie er mich für diese Eltern vorgesehen hat, so hat er mich vorgesehen auf einen Menschen hin, auf ihn hin mich entworfen. Bei Unverheirateten klingt das so: Wenn der Richtige, die Richtige kommt, dann werde ich es schon merken. Nach langer Ehe bei Witwen und Witwern kann es so klingen: Ja, wir waren füreinander bestimmt. Aber das genügt jetzt auch.

Für Geschiedene kann dieses innige Bild vom Paar so heißen: Diese Ehe hätte gar nicht eingegangen werden dürfen, ich hätte es wissen müssen. Und die währenden Ehen, hoffentlich glauben sie, daß sie von Gott füreinander gemeint sind, einander anvertraut sind. Solange sie dies glauben, werden sie einander passend im Laufe der Zeit.

Wenn auch viele Ehen scheitern und alle lebendigen Ehen es schwer miteinander haben, geben wir in unserem Innersten doch Jesus recht: Das Bild vom Paar, wie es uns eingepflanzt ist, ist das von Gott zusammengefügte. Von der Idee her, vom Ursprung her: Einer für eine, ewig, das ist das Wahre.

Ergänzungsbedürftig ist jeder

Im Vordergrund steht dabei die Verletzlichkeit des Einzelnen. Ergänzungsbedürftig ist ein jeder, ganz bewußt nicht autark, nicht selbstzufrieden, nicht als Selbstversorger gedacht ist der Mensch.

Gott schuf den Menschen ihm zum Bild, zum Bilde Gottes schuf er ihn als Mann und Frau (1. Mose 1,27). *Gott* ist Einer, Eine, Eins; der, die, das Ganze – der Mensch aber wird zum Ganzen als Paar. Das meint nicht unbedingt Ehe, aber meint: Der Mensch, um Mensch zu sein, muß verbunden leben. Prediger Salomo, der nüchternste Prediger aller Zeiten, sagt es.

Das zielt nicht unbedingt auf Ehe. Aber Ehe ist wohl das Bündnis zweier Menschen zur umfassenden immerwährenden Hilfe und Ergänzung.

»Es ist nicht gut, daß der Mensch allein sei. Ich will ihm einen Gefährten machen« (1. Mose 2,18), einen Gehilfen, wie es Luther übersetzt. Sie sollen eine gemeinsame Wirklichkeit bauen, aushalten, bestreiten; einander sich mitteilen, nach dem anderen fragen, sich Einmischung immer wieder erbitten, nahezu alles miteinander beraten. Und weil sie zwei bleiben mit zwei Herkünften und Geschichten, Veranlagungen und Sichtweisen, werden sie gemeinsam wirklichkeitsnäher entscheiden als einer allein.

Sie werden viel Wenn und Aber bedacht haben, wenn sie ihre Meinung nach draußen tragen, darum werden sie innerlich stärker sein, allerdings auch stärker im Irrtum – wer wüßte das nicht.

Ehe als die intensivste Freundschaft, nur eben anders als alle anderen Freundschaften: umfassend, alltäglich mit viel Zeit füreinander; der Gefährte, mit dem man immer wieder Einigkeit herstellen will. Einer trägt des anderen Last mit, sie bauen ein gemeinsames Haus aus Sprache und Zeichen und Verstehen und Mißverstehen. Ehe definiert mich neu: Ich für den anderen, ich mit dem anderen. Ich bin fortan, was auch immer sonst auch noch, erstrangig Mann dieser Frau, Frau dieses Mannes.

Immanuel Kant, der große Philosoph, hat als Einzelgänger klein von Ehe gedacht, ähnlich wie Paulus: »Ehe«, sagte er, sei »die Verbindung zweier Personen verschiedenen Geschlechts zum lebenswierigen Besitz ihrer Geschlechtseigenschaften.« Dies ist eine »unflätige Definition«, so der berühmte Theologe Ritschl, gemessen an dem umfassenden Auftrag von Ehe, einander zu lieben und zu ehren, in Freud und Leid den andern nicht zu verlassen, sondern mit ihm eine gemeinsame Biographie zu haben. Das soll nicht heißen, daß einer nur für den anderen da ist. Eine Frau, die ganz für ihren Mann lebt, wird erst als Witwe sie selber, sagt Oliver Hassenkamp. Aber Ehepartner, das ist der mir anvertraute und zugemutete Mensch, der mir bestimmte Mensch, mit dem ich in Ja und Nein, in Abgrenzung und Anziehung Ich werde, erwachsen werde, lebensfähig und liebevoller und frömmer und hoffnungsvoller und verantwortlicher, hoffentlich.

Ein Fleisch werden

Ehe ist nach Camus die einzige Form der Liebe ohne Illusion, wo die Zwei ein Schicksal, eine Geschichte leben, eben ein

Fleisch werden; ein Haushalt, ein Konto, ein Name, ein oder mehrere, jedenfalls gemeinsame Kinder und Verwandte, ein Schuldigwerden, ein Krankwerden, ein Glücklich- oder Unglücklichwerden, ein Altwerden.

Nicht ausgeschlossen ist, daß sich Eheleute auch verlieben, manchmal auch oft, aber das ist nicht ihr Wesentliches. Es gibt da einen unausgesprochenen Geheimvertrag, den Gefahren des Individuellen nicht zu erlauben, sich ins Katastrophenhafte auszuwachsen – so Günther Anders. Also viel Vernunft gebietet die Liebe und viel Geduld.

Wie Ebbe und Flut Anwachs bringen, so bringen auch die Gezeiten der Ehe Anwachs. Gabriel García Márquez schrieb wohl eine der schönsten Liebesgeschichten: »Die Liebe in den Zeiten der Cholera«:

»Am Ende kannten sie einander so gut, daß sie noch vor ihrem 30. Hochzeitstag ein einziges geteiltes Wesen zu sein schienen und es ihnen peinlich war, wie oft sie unbeabsichtigt die Gedanken des anderen errieten oder dem anderen in der Öffentlichkeit mit dem, was er gerade sagen wollte, zuvorkamen. Gemeinsam hatten sie den alltäglichen Verständnismangel durchgestanden, die plötzlichen Haßanwandlungen, die gegenseitigen Gemeinheiten. Und das wunderbare und siegreiche Aufblitzen ehelicher Vertrautheit. Es war die Zeit, in der sie sich am innigsten liebten, ohne Hast und ohne Exzesse, und beide waren sich ihrer unwahrscheinlichen Siege über alle Widrigkeiten bewußter geworden und dafür dankbar. Das Leben sollte ihnen selbstverständlich noch weitere, tödliche Prüfungen auferlegen, doch das war schon nicht mehr wichtig: Sie hatten das andere Ufer erreicht.«

Keine Frage, daß Jesus auch Ehen für scheidbar hält. Aber das ist Trauer, das ist Schmerz, schlimmes Leid, wieder ein Riß mehr im Gewebe des Lebens. Wieder ein Beweis, ja, für unsere Herzenshärte: Vertraute werden wieder zu Fremden. Kinder, die ein Recht auf Eltern haben, werden des Erlebnisses beraubt, bei einem Paar groß zu werden, das ihnen zeigt, wie Frieden zwischen zwei Menschen immer wieder möglich ist.

Die Bündnistreue, das Füreinander-Einstehen, eben die Liebe, die langmütig und freundlich ist, sich nicht erbittern läßt, das Böse nicht zurechnet (1. Korinther 13,4.5) – diese Liebe ist nicht unsere Sache, sondern ist *Gnade*, ist Wunder, ist Frucht von Heiligem Geist.

Jesus nennt einmal uns alle ein »ehebrecherisches Geschlecht« (Matthäus 16,4), als wäre die Friedlosigkeit im Ehelichen für uns bezeichnend. Wenn einer einen anderen Menschen anschaut, um seiner zu begehren, der hat schon die Ehe gebrochen (Matthäus 5,28), sagt Jesus. Das Haben- und Besitzenwollen, das Für-mich-Reservieren, das Verfügen, das Für-mich-Festhalten scheint, zumindestens unterschwellig, uns immer zu bedrohen. Und doch können Ehen halten.

»Liebe ist, sich gern um den anderen mühen« (Erich Fromm). Warum diese Liebe dem einen Paar noch gelingt, dem anderen schon nicht mehr – ich weiß es nicht. Es bleibt ein Kreuz mit der Ehe, die doch erfunden ist von Gott, den Menschen zum Trost und zur Stärkung gegen das ungute Alleinsein. Ein Kreuz bleibt die Ehe, weil sie »jede Nacht nach der Umarmung endet und jeden Morgen vor dem Frühstück wieder neu aufgebaut werden muß«, so Márquez noch einmal.

Wir sind und bleiben Zwei. Und die Synchronisation von zwei Willen und Gefühlen ist Arbeit. Ehe ist nicht Himmel, sie ist Weg zwischen Himmel und Hölle – Weg, im Irdischen die Einheit mit dem Ganzen anzustreben: Im alltäglichen gemeinsamen Lachen, Lieben, Leiden, Beten, Hoffen, Trösten, Geben, Nehmen, Schuldigwerden. Der Ehegefährte ist der erste Nächste, den ich mir anvertrauen lasse, um mit ihm, bei ihm, für ihn, durch ihn ein Liebender zu werden. Und diese Verwandlung, wenn sie annähernd nur gelingt, strahlt aus auf andere Menschen. Das Paar stiftet Vertrauen, daß wir schwierigen Menschen doch verbunden leben können. Wenn das Paar nicht Liebe ausstrahlt zu anderen hin, sind sie ihre Liebe nicht wert und bleiben Egoisten zu Zweit.

Das Wunder Sexualität

Unsere verschiedene körperliche und geistige Prägung als Frau oder Mann ist wohl die schönste Mitgift an den Menschen. Daß wir Einheit so leibhaftig erfahren können und in der Umarmung einer vom anderen enthoben ist und die beiden nicht mehr an sich selbst denken, sondern »im Ganzen« sind – das ist auch schon ein Stück »Himmel mitten unter euch im Anbruch« (Lukas 17,21).

Liebende können sich streicheln von der Haut bis in die Seele, sie können sich schmecken und riechen. »Schmecket und sehet, wie freundlich der Herr ist«, dies Wort zum Abendmahl darf getrost auch auf das schönste irdische Gottesgeschenk angewandt werden.

Die Sexualität ist Quelle der Freude, aber auch Ursprung von Vereinzelung und Zerwürfnis. Max Frisch rechnet zu den Voraussetzungen für die wirkliche, die lebendige Ehe auch den »Verzicht auf die Meinung, daß geschlechtliche Treue hinreiche, und ebenso auch die andere Meinung, daß es ohne geschlechtliche Treue überhaupt keine Ehe gebe, (jedenfalls) eine möglichst weitgehende und lautere, nicht aber rücksichtslose Offenheit in allen Nöten dieser Art«.

Die Verriegelung der Sexualität in das Institut Ehe hat, mühsam genug, eine Ordnung aufrecht erhalten, die für die Kinder nötig war. Nötig, solange Geburtenregelung nicht möglich war. Heute sind Zweierbeziehungen möglich ohne Ehe, und das ist gut so. Aber beide sollten ehrlich miteinander sein und klar benennen, was sie einander vorenthalten. Und dabei bedenken, was Schleiermacher sagt: »Du sollst nicht geliebt sein wollen, wo du nicht liebst.«

Die Alternative zur Ehe: Ein Netz der Verbundenheit

Es ist gut, daß wir Heutigen nicht mehr nur die Wahl haben: entweder Ehe oder Enthaltsamkeit. Wir können auf verschiedene Weisen freundschaftlich leben. Jesus lebte in einem Freundeskreis von Männern und Frauen. Johannes gilt als »der Jünger, den er besonders lieb hatte« (Johannes 13,23). Bezeichnend für Jesu befreiende Denkweise ist die Szene, die bei Matthäus 12,49 festgehalten ist: »Die Jünger kommen und sagen, ›Jesus, deine Mutter ruft dich!‹« Darauf antwortet Jesus: »Wer ist meine Mutter? *Der* ist meine Mutter und mein Vater und mein Bruder, der den Willen Gottes tut.« Und er hätte auch hinzufügen können: der ist meine Frau. Jesus baut eine nicht von Blutsbanden oder Besitzdenken, sondern vom Heiligen Geist her zusammengehaltene Gemeinschaft. Und der sagt unter anderem: Ich habe kein Anrecht auf die Liebe meines Nächsten, zwar Hoffnung, aber kein Anrecht.

Viele Verhältnisse und Beziehungsformen sind uns Menschen möglich. Aber Ehen sollten nur die eingehen, die glauben, daß Gott sie füreinander meint auf Lebenszeit, die also miteinander alt werden wollen. Die sich von Gott einander anvertraut glauben, werden sich nicht scheiden lassen, solange sie es glauben.

Gut, daß die evangelische Kirche die Trauung nicht für ein Sakrament hält. Taufe und Abendmahl sind handfeste Zeichen der Gnade Gottes. Die Eheschließung jedoch ist menschlicher Beschluß. Wie viele Ehen sind erzwungen, sind Flucht aus der Bindung des Elternhauses in irgendeine neue Bindung aus Angst vor dem Alleinsein. Wie viele schnell geschlossene Ehen sind nur abgebrochene Erprobungsversuche. Viele Scheidungen sind dann auch nur Korrekturen einer voreilig getroffenen, falschen Wahl. Eheschließungen sind menschliche Entscheidungen. Nicht schon der Vollzug der Trauung macht das Ja der Beiden automatisch zu Gottes Ja.

Trauungen bieten Verheißung, aber keine Garantie

Doch die, die der Verheißung Gottes trauen, die werden nicht fragen: Haben wir ein Recht, uns scheiden zu lassen.

Sicher, Ehen können zerbrechen. Wenn die beiden, die sich gegeben waren für einen gemeinsamen Weg, wenn die sich nur noch im Weg stehen, wenn die, die sich anvertraut waren, sich nur noch als Zumutung erfahren; wenn sie miteinander umgehen wie zwei Chirurgen, die aneinander herumschneiden und immer besser wissen, was weh tut (Martin Walser); wenn sie mit Schrecken feststellen, daß sie nur ihre Lieblosigkeit verdoppeln; wenn die, die sich gegeben waren, einander lebens- und liebesfähig zu machen, wenn die nur noch einander die Existenz abgraben, dann werden sie sich voneinander scheiden lassen müssen.

Jede Scheidung ist doch Korrektur einer falschen Wahl. »Du sollst keine Ehe schließen, die gebrochen werden müßte«, sagt Schleiermacher. Wie blind und fahrlässig werfen manche Paare ihre Schicksale zusammen! In wieviel Hochzeiten steckt schon gleich der Wurm drin! Aber auch das andere gilt: Wie viele Paare gingen notgedrungen zum Altar und voller Zweifel! Und es fügte sich alles zum Guten.

Die sich aber auf die Verheißung einließen, daß Gott sie zusammengefügt hat, sie wissen, wenn sie sich voneinander lossagen, daß es Herzenshärtigkeit war, was ihre Liebe verlöschen ließ.

Ehen können geschieden werden, eine zweite Ehe kann eingegangen werden, mit hoffentlich mehr Glauben und Wissen in Schuld und Versagen. Doch viele zweite Ehen wiederholen nur das Drama der ersten Ehe, und weil man selbst nicht sich verwandeln will, sucht man sich einen, der sich nahtlos mir Egoisten anpaßt. Hochachtung gebührt allen, die um ihre Kompliziertheit wissen und darum eine Ehe nicht eingehen.

Aber der *Traum* bleibt: der Traum vom Paar, das Gott zusammengefügt hat. Und dieses Hoffnungsbild beflügelt unsere Bindekraft und Treue und färbt noch ab auf Beziehungen aller Art.

Leben wir also Treue und Vertrautheit, Vergebung und Freude, so viel wir können. Einer trage des anderen Last mit, in Ehen, in Freundschaften, ja überhaupt.

Kinder sind ein Glück

Früher war das gewiß: »Kinder sind eine Gabe Gottes« (Psalm 127,3). Sie gehörten zum Eigentum der Eltern wie der Acker, das Vieh und alle Güter. Sie führten die Kriege der Väter und mehrten deren Besitz.

Einen Keil in diese Herrschaft der Alten trieb Gott mit der Berufung Abrahams und Saras zu Stammeltern für Größeres. Das Gewicht liegt nicht mehr bei den Alten, den Vergehenden, sondern bei den Künftigen, den Kommenden. Auch das Verbot von Isaaks Opferung (1 Mose 22) zielt in Richtung Zukunft: Niemals mehr sollen Väter und Mütter die Kinder ihren Idealen opfern.

Der erste Keil gegen den Besitzanspruch der Eltern war das Volk. Aber die christliche Gemeinde sah weiter, zielte auf die Menschheitsfamilie. Die Schranken der Herkunft, der Sprache, der Kulturen, der Hierarchien sollten fallen. Pfingsten, Heiliger Geist schafft eine geschwisterliche Menschheit. Nicht mehr Blut und Bodenbindung soll das Maß sein. Sondern: »Der ist mein Vater und meine Mutter, mein Bruder, meine Schwester, der den Willen Gottes tut« – so Jesu Wort (Matthäus 12,50). Das 4. Gebot ist damit nicht ausgehebelt. »Du sollst Vater und Mutter ehren« (2 Mose 20,12), ist ja den Erwachsenen gesagt; es gebietet Achtung und Würde denen zugut, die ins Leben halfen. Altgeworden bleiben die Eltern den Kindern befohlen.

Aber das bedürftigste Glied bekommt Jesu Empfehlungsschreiben mit: »Seht zu, daß ihr nicht eines dieser Kleinen verachtet. Dem Verächter wäre ein Mühlstein an den Hals zu wünschen« (Matthäus 18,6). Jesu hilft so einer von weit her angelegten Hoffnung zum Durchbruch:

Die Würde des Einzelnen um seiner selbst willen

Der Übergang der Macht von den Eltern auf das Volk, vom Volk auf die geschwisterliche Menschheit ist nur denkbar, wenn der einzelne Mensch in seiner Würde erkannt wird. Aber wir sind ja immer noch erst auf dem Weg, die Würde des einzelnen achten zu lernen. Der Anfang dieses Weges, sozusagen das Leitfossil für die kommende Epoche, könnte die Geschichte von Salomos Urteil sein; eine Geschichte, die lange vor Jesus erzählt wurde, wohl in Indien zuerst, dann dem König Salomo zur Kennzeichnung seiner Weisheit angeheftet, und so in die Bibel gelangt: Zwei Frauen, beide hatten eben geboren, ein Kind starb, bezichtigten jeweils die andere als Kindesdiebin. Der Richter gebietet den beiden Frauen, sich mit dem Säugling in der Mitte eines Kreises aufzustellen. Er sagt: »Ziehet auf mein Signal kräftig. Wer das Kind zu sich hinüberziehen kann, der sei als Mutter erwiesen.« Und die List geht auf. Während die eine mit aller Gewalt an den Gliedern reißt, hat die andere schon losgelassen. »Gebt ihr das Kind, damit es lebt«, sagt sie. Und die, die aufs Recht verzichtet, wird zur wahren Mutter erklärt (1 Könige 3,16–28).

Das ist kein Lobgesang auf die natürliche Mutterschaft. Unabhängig, wer gebar – die ist die wahre Mutter, die das Lebendige achtet als Auftrag. Dieser kleine Funken Einsicht, vor 3000 Jahren erzählt, schlägt eine Schneise für den langen Weg vom Elternrecht hin zum Recht des Kindes auf Eltern. Und noch ist der Weg nicht ausgeschritten. Einmal im Jahr müssen Eltern sich nach dem Kind erkundigen, das im staatlichen Heim großgezogen wird; einmal im Jahr sich erkundigen reicht, und das Kind kann nicht zur Adoption freigegeben werden.

Der lange Weg zur Aufklärung

Es mußte wohl erst die zuverlässige Empfängnisverhütung gefunden werden, damit Menschen nicht notgedrungen zu Eltern werden. Es mußte die Rentenversicherung gefunden werden und die Automatisierung vieler Arbeit, daß nicht mehr jede Hand gebraucht wird. Und es mußten Seuchen ausgerottet werden, daß genug Menschen die Erdräume füllen – bis wir, in unserer Generation, den Befehl: »Seid fruchtbar und mehret euch und füllet die Erde« (1. Mose 1,28) als ausgeführt und erledigt betrachten dürfen.

Bleibt es dennoch wahr, dies »Kinder sind eine Gabe Gottes«? – Nicht mehr als Kapital der Eltern, nicht mehr als Altersversicherung, nicht mehr als Nachschub für ein wehrhaftes Volk, auch nicht mehr als Teil einer nicht groß genug sein könnenden Masse der Kinder Gottes, wie es Bruder Papst wohl meint? Wie sind Kinder noch oder endlich als Gabe Gottes zu verstehen?

Sie machen uns zu Liebenden, zu Geliebten, zu Überlieferern, zu Lernenden, zu Vertrauenden, zu Hoffenden, zu Vergebungsbedürftigen, zu Beziehungsreichen, Beladenen, Verantwortlichen für die Zukunft. Kinder machen uns auf einzigartige Weise zu Mitarbeitern Gottes.

Sie sind ein Sog von mir weg zu einem anderen – zu seinen, nicht zu meinen Gunsten.

Ein Säugling sieht dich an, und du weißt, du mußt dich kümmern. Hier ist Leben, das leben will, und du hast die Macht, ihm zu helfen.

Unwidersprechlich ist dieser Anruf. Widerstehst du, wirst du schuldig. Du weißt es. Du mußt zum Liebenden werden, oder du verrätst das Kind und dich mit.

Wieviel Wärme, wieviel Zuneigung, wieviel Anhänglichkeit, wieviel Glück Kinder uns bringen! Geliebte werden wir! Werden die Kinder älter, dann kann dieses Geliebtsein auch zur Qual werden; Kinder als Blutsauger, als Alptraum. Aber zunächst sind die Eltern die ersten geliebten Wesen. Daß für die Kinderdörfer trotz geringem Lohn so viele sich als Eltern bewerben, zeigt auch, daß sie sich versprechen, dann geliebt zu sein.

Unser Wissen, unsern Glauben, unsere Kenntnis dürfen wir weitergeben. Aus unseren Sätzen nährt sich ihre Seele. Was wir ihnen als gut und böse vorstellen, bleibt ihnen ins Innerste eingeprägt. Die Welt mit ihren Werten den Kindern schmackhaft machen, ihnen eine lebenswerte Welt vorstellen, das macht uns zu besseren Menschen. Das Kind, zunächst »eine kleine, mächtige Habsucht« (Botho Strauß), hat ein Recht auf Erziehung, auf Überlieferung, auf Einweisung in Pflichten und Ordnung, und wir dürfen und müssen sie leisten.

Wohin geht die Sonne nachts? Was ist das Totsein? Warum schreist du, Vater? Kinderfragen, sie rühren an das Geheimnis des Ganzen. Und wir müssen neu nachdenken, neu buchstabieren lernen. »Elternschaft ist das Neudenken der Welt im Licht unserer Kinder« (Rosenstock-Huessy). Wir hatten uns doch schon abgefunden mit unseren schnellen Antworten. Und da kommen sie mit ihren Fragen nach gerechter Verteilung und ihren Friedensidealen, die sie selbst natürlich auch nicht leben können in ihrer Freundschaft, aber doch als Treibstoff in sich spüren. Und uns wollen sie wieder anstecken, uns, die wir uns schon abgefunden haben mit dem Lauf der Welt.

Kinder machen jung

Die Kinder sind so gierig nach Neuem, weil es so jung ist wie sie selbst. Wir Alten sind Einwanderer in die neue Zeit. Unsere Kinder sind die Eingeborenen der Moderne. Sie können die Module zischen lassen. Wir rechnen noch im Kopf, und sie ziehen lässig ihren Rechner und kommen weiter. Sie stecken uns mit ihrer Frische an; die Auseinandersetzung mit ihnen hält elastisch. Sie lassen uns nicht rückständig sein. Sie fordern Zeitgenossenschaft.

Wir müssen sie loslassen, und doch hängt unser Herz an ihnen. Wir müssen sie der Güte Gottes befehlen – schon wenn wir sie auf den Schulweg schicken und erst recht, wenn sie aufbrechen an die Cotê d'Azur mit einem kleinen Zelt. Sie helfen uns, Vertrauende zu werden.

Sie helfen uns auch, uns wieder anzuvertrauen unserem kleinen Kind in uns. Baudelaire sagt: »In jedem steckt ein Mann, eine Frau und ein Kind.« Der Kinder Abenteuerlust, ihr unkomplizierter Umgang mit dem Sexuellen, ihr sorgloses Umgehen mit Geld – kann das Kind in uns wieder beleben. Und ich weiß wieder, daß ich mehr bin als ich habe und leiste.

Kinder machen uns zu vergebungsbedürftigen Menschen

Wir sehen, wie unsere Disharmonien sich fortpflanzen in den Kindern, wie unsere Lust am Unglücklichsein in ihre Seelen kriecht, unsere Manien ihnen Gesetze werden, unsere Launen sich ihnen als Grundsätze verinnerlichen. Neben allen guten Gaben haben wir an sie auch unsere Zweifel und Schwierigkeiten weitergegeben – und können und müssen um Vergebung bitten.

Viel fürchterliche Obhut war unsere Fürsorge auch. Viel getarnte Selbstsucht steckt auch in unseren Belehrungen. Vergebungsbedürftig werden wir Eltern. Und über unseren Kindern werden uns die Augen aufgehen für unsere eigenen Eltern, daß wir ihnen danken und vergeben. Sie ehren als die ersten Mitarbeiter Gottes, diese nachgetragene Liebe gegen unsere Eltern entwickelt sich in der Mühe gegen eigene Kinder.

Sie sorgen dafür, daß ein Stück von uns woanders ist. Sie helfen, daß ich mich nicht zum Sinn der Schöpfung erkläre, sondern mich als Glied in der Kette sehe. Sie helfen uns, demütig zu werden. Das Urteil über mein Leben fälle ich nicht, sondern es wird gefällt in den kommenden Generationen. Ob ich zum Segen wurde, entscheidet sich an Enkeln und Urenkeln.

Kinder machen uns verantwortlich für Zukunft

Gegen politisches Desinteresse, gegen das zynische »nach mir die Sintflut« helfen Kinder. Wenn die eignen Kinder meinen Atomabfall beseitigen sollen, dessen Energie ich ausgebeutet habe, dann ist auch dies Heimsuchung der elterlichen Missetaten bis ins 3. und 4. Glied an den Kindern, das in der Bibel (2. Mose 20,5) angesagt ist. Um ihretwillen kann ich die Erde nicht als Müllkippe hinter mir lassen. »Ihr habt die Welt von euren Kindern geliehen«, ist zwar übertrieben; aber die Verantwortung für die Zukunft bleibt.

Mit dem »Gewicht der Welt« beladen sind Eltern und haften für andere Menschen bis zu ihrem Tod. Das Glückversagen unserer

Kinder bleibt uns Eltern Last bis zum letzten Atemzug. Sie rufen uns immer, wie alt sie auch sind, daß wir ihnen zeigen: ja, es ist gut, liebend und leidend auf dieser Erde zu sein. Kinder machen uns zu Sorgeberechtigten. Und berechtigt sein zur Sorge für Gottes Menschen ist wohl Krönung des Menschseins. Vielleicht ist es nie schöner gesagt worden, als Thomas Mann es seinen Jakob sagen läßt:

»Der Zeugende ist nur Werk der Schöpfung, blind und weiß nicht, was er tut. Da wir den Joseph zeugten, zeugten wir nicht ihn, sondern irgend etwas und daß es Joseph wurde, das tat Gott. Zeugen ist nicht schaffen, sondern es taucht nur Leben in Leben in blinder Lust. ER aber schafft.« Und mit Khalil Gibran: »Eure Kinder sind nicht eure Kinder. Es sind die Söhne und Töchter des Lebens Verlangen nach sich selber. Sie kommen durch euch, doch nicht von euch. Und sind sie auch bei euch, so gehören sie euch doch nicht.«

Kinder brauchen nur zwei Erzeuger, aber viele Eltern

Das ist Einladung an alle, die bewußt oder unter Schmerzen kinderlos bleiben. Man muß nicht Erzeuger sein, um elterlich, geschwisterlich leben zu lernen und zu sagen: Ja, Kinder sind eine Gabe Gottes.

lieben, hassen

Zeit für Unkraut und Weizen

Wir haben manchmal Gelüste, die Bösen in der Welt auszurotten, und die Bösen sind immer die andern. Wir haben Lust, mal aufzuräumen, klaren Tisch zu machen, als Lehrer in der Klasse, als Pastor im Konfirmandenunterricht, als Vater oder Mutter im Hause, auf der Arbeitsstelle, in unseren Städten, in unserem Land. Vor Jahren hat ein Film Furore gemacht: »Ein Mann sieht rot.« Charles Bronson als der Rächer, der gewalttätige Rowdys abknallte – und er sprach vielen aus dem Herzen. Wir alle sehen die, die uns oder anderen etwas zuleide tun, lieber hinter Gittern. Nicht, damit sie sich bessern, sondern damit wir sie los sind. Noch im Kegelclub legt man dem, der jahrelang treu war, nahe, daß er doch lieber nicht mehr kommen möge, solange dies und jenes nicht geklärt sei.

Auch die Jünger wollten die, die sie für böse hielten, aussortieren und sich vom Hals schaffen. Und so hörten die Jünger zum ersten Mal, was Jesus uns heute auch sagt:

Das Himmelreich ist gleich einem Menschen, der guten Samen auf seinen Acker säte. Da aber die Leute schliefen, kam sein Feind und säte Unkraut zwischen den Weizen und ging davon. Da nun das Kraut wuchs und Frucht brachte, da fand sich auch das Unkraut. Da traten die Knechte zu dem Hausherrn und sprachen: Herr, hast du nicht guten Samen auf deinen Acker gesät? Woher hat er dann das Unkraut? Er sprach zu ihnen: Das hat der Feind getan!

Da sprachen die Knechte: Willst du denn, daß wir hingehen und es ausjäten?

Er sprach: Nein, auf daß ihr nicht zugleich den Weizen mit ausraufet, so ihr das Unkraut ausjätet. Lasset beides miteinander wachsen bis zur Ernte. Und zur Erntezeit will ich den Schnittern sagen: Sammelt zuvor das Unkraut und bindet es in Bündeln, daß man es verbrenne. Den Weizen sammelt mir in meine Scheune (Matthäus 13,24-31).

Mit Gewalt das Böse zum Verschwinden bringen, macht selber böse.

Damals, 1944, wußten die Männer und Frauen des 20. Juli, daß sie mitschuldig werden, wenn sie den millionenfachen Mörder Hitler umbringen. Die Hoffnung, daß sein Tod das Überleben vieler bedeute, machte sie bereit zu töten. Und sie rechneten nicht, sie waren bereit, die Schuld auf sich zu nehmen. Jesus spricht dieses Geheimnis an: Gewaltsam gegen Gewalt vorgehen, macht schuldig, gegen Gewalt nicht vorgehen, also feige bleiben, macht noch schuldiger.

Wir alle haben den Wunsch, ungestört gut zu sein. Das Böse stört. Ich habe das erlebt: Ein Mensch, der bis zu zwanzigmal am Tag anrief und die Familie unter Druck setzen wollte, irgend etwas in seinem Sinne zu tun – ich merkte, wie ich giftig wurde, immer galliger und boshafter. Und trotzdem hat es keinen Sinn, sagte ich mir, Polizei oder Post zur Hilfe zu rufen. Denn, was den Menschen böse macht, das ist nicht nur sein Problem. Wenn ich mich gegen ihn abschließe, muß er seine Bosheit auf andere richten. Besser wäre – und wir haben es auch lange versucht –, ihn reden zu lassen und ihm zuzuhören, damit sich möglicherweise sein Böses verwandeln könnte.

Menschen aus der Schußlinie des Bösen nehmen

Eine Szene aus dem Fernsehen: Ein alter betrunkener Mann in der U-Bahn wird von zwei Männern angepöbelt. Sie wollen sich einen Jux machen. Sie stecken ihm Streichhölzer zwischen die Zähne und wollen sie anzünden. Die Menschen drum herum geraten in Angst, wollen teilnahmslos scheinen, um nicht hineingezogen zu werden in das Böse. Aber dicht neben dem Bösen gut bleiben fordert mehr als Wegschauen.

Was hätte man, was hätte ich tun können, um die Boshaften von ihrem Opfer abzuziehen? Ich hätte mich anbieten müssen, daß sie sich mit mir beschäftigen. Sie einladen auf eine Pizza, oder ähnliches, sich mit ihnen einlassen, jedenfalls. Das ist nötig. Denn die Bosheit ist da, und wir müssen sie mittragen, sonst sind wir nicht mehr Weizen.

In Jesu Gleichnis redet ja der Hausvater den Feind nicht weg.

Es ist ein Feind da, und der hat Unkraut ausgestreut, darum wachsen auf dem einen Feld Kraut und Unkraut beieinander. Und beide müssen beieinander bleiben bis zur Ernte.

Bosheit, das ist sauer gewordene, giftig gewordene Lebenskraft. Wir sind nicht wie die Pflanzen genetisch programmiert auf genießbare oder ungenießbare Frucht. Wir haben Anlagen zum Guten und Bösen in uns. Wir werden erzogen, erziehen andere. Vielleicht stimmt es ja wirklich, daß niemand freiwillig böse ist, sondern: »Was einer tut, hat vorher ihm ein anderer getan.« Zum Unkraut ist man nicht geboren, zum Unkraut wird man gemacht. Und Bosheit ist fehlgeleitete Lebenskraft. Vielleicht ist sie noch zu entgiften. »Ihr, die ihr euch für gut haltet, trennt nicht, trennt euch nicht« – das ist jedenfalls Jesu eindringlicher Ruf.

Und wenn ich mich dem anderen widme, mich ihm aussetze, dann sehe ich an dem Lichtvollen die Schattenseiten und an dem »Bösen« sein Gutes. »Bruder Eichmann« heißt ein Theaterstück, das vom Innenleben des Judenvernichters handelt. Beängstigend verwandt sind sich Kain und Abel.

Niemand ist so gut, daß er nicht Gnade brauchte, um zu bestehen

Max Frisch fragt: »Gesetzt den Fall, Sie haben nie einen Menschen umgebracht: wie erklären Sie es sich, daß es dazu nicht gekommen ist?« Ich mußte nicht Soldat werden, mir ist noch kein Kind vors Auto gelaufen. Ich war noch nie so jähzornig, daß ich einen mit Füßen trat. Fast immer konnte ich noch meine Wut in Worte fassen, die verletzend genug waren. Darum: die Scheidung von Guten und Bösen steht uns nicht zu. Jesus nimmt sie uns aus der Hand.

Wir wollen manchmal als Richter auftreten. Aber: Es ist nicht meine Sache, ich bin auch nur eine Mischung aus Unkraut und Weizen.

Das hat auch die Kirche lernen müssen. Die Kirche wollte einmal die Gemeinschaft der Heiligen umzirkeln, wollte abzählbar und meßbar machen, wer zu den Heiligen gehöre. Aber eine reine Kirche gibt es nicht, weil es eine Kirche der Reinen nicht gibt. Sie wollte mit Ketzer-Verbrennungen und Kreuzzügen die Ungläubigen ausrotten. Was die iranischen Fundamentalisten jetzt tun, das hat die Kirche vor vierhundert, fünfhundert Jahren auch gemacht. Aber wir können nicht die reine Welt, nicht die reine Kirche, auch nicht die reine Familie, nicht mal den einzelnen reinen Menschen bauen.

Meine dunklen Seiten, meine Erbärmlichkeiten – soll ich mir wünschen, daß sie verschwinden? Simone Weil sagt: »Ich soll nicht wünschen, daß meine Erbärmlichkeiten verschwinden, ich will die Gnade erbitten, die sie verwandelt.«

Alle Erbärmlichkeiten, alle Dunkelheiten sind ja klumpig gewordene, irre geleitete Lebenskraft. Jeder Mensch will gut sein, will Weizen werden, nährend und hilfreich. Jeder leidet an sich, wenn er sich in Verachtungswut verausgabt hat. Der Auftrag, Unkraut und Weizen beieinander zu halten, räumt Zeit ein: Du, ich, wir sind noch nicht verloren. Was an mir noch unfruchtbar und kalt und zerstörend und neidend und beängstigend ist, soll noch Frucht bringen. Noch ist die Zeit des Wachsens und nicht die der Ernte.

Wachsend erweist sich erst der Weizen als Weizen. Erst fruchtbringend wird das Gute eindeutig und kennzeichnet das Nicht-Nährende als Unkraut.

Ganz einfach und klar werden alle Debatten, was denn gut sei, abgeschnitten. Gut ist, was nährt, aufbaut, stärkt, heilt. Gut ist, was Glaube, Liebe, Hoffnung baut. Gut ist, was gut macht. Hellsichtig benennen, was heute gut macht und was dumm hält, ist Christenpflicht. Jesus sagt: Unterscheiden ja, aber nicht scheiden, nicht zum Müll werfen. Noch kann jedes als Unkraut angesehene Pflänzchen Weizen werden.

Das Gute macht das Böse kenntlich

Erst wenn der Weizen Frucht bringt, wird das Unkraut als solches benennbar. Das heißt doch, erst das Gute macht das Böse kenntlich. Ein einfaches Beispiel: Ein Fahrrad lag auf dem Gehsteig, und alle laufen vorbei. Einer kommt und hebt das Fahrrad auf. In dem Augenblick erst wird klar, daß das Vorbeigehen –

jeder achtet für sich darauf, wie er sicher vorbeikommt – böse ist. Der die Gefahr für alle beseitigt, tut das Gute und erfindet im Augenblick die Rettung, an der gemessen alles andere hilflos, ja böse wird.

Ich entnehme dem Gleichnis auch: Habt doch nicht die Angst, vom Bösen überwuchert zu werden. Wenn ihr euch für Weizen haltet, dann bringt Frucht! Sagt nicht: Das Böse nimmt überhand, das Böse regiert die Welt! Warum schießt denn das Unkraut ins Kraut? Weil der Weizen faul ist. Nicht die fleißigen Teufel sind Gottes Problem, sondern die faulen Engel.

Jesus öffnet den Blick nach vorn: Glaubt doch nicht, daß Gott die Welt ewig und drei Tage so schnurren läßt und daß immer wieder nur Freude und Leid, Gerechtigkeit und Strafe einander abwechseln. Einmal wird die Ernte der Geschichte eingebracht werden. Dann wird Gott sortieren; was an uns fruchtlos war, geht in Rauch auf. »Wir werden gerettet, aber doch so wie durch Feuer«, sagt Paulus (1. Korinther 3,15). Wenn wir sagen, das Böse regiert die Welt, sagt Jesus: Der Acker der Welt ist voll des Guten und Bösen. Das Böse ist Abfall, ist Schatten. Die gute Tat saugt das Böse auf. Sie entkräftet das Böse.

Eine Dorfgeschichte

Im Norden sind die alten Häuser mit Steinen umlegt. Diese sogenannten »Steinbrücken« gelten als gepflegt, wenn kein Grashalm aus ihnen hervorsprießt. Zeigt sich ein Hälmchen, wird es sofort ausgerupft; eine Strafarbeit für Kinder. Zwei Nachbarn konnten sich nicht leiden, und einer warf dem anderen Grassamen in seinen Steinweg. Aber der Geschädigte war nicht dumm. Er sah verdächtig viele Grassamen, nahm einen Staubsauger und saugte aus der Steinbrücke die überflüssigen Samenkörner. Einen großen Sauger, einen großen Hobel wünschen wir uns manchmal. Aber Gott sagt: Laß es wachsen. Das Fruchtbare hält das Unfruchtbare in Schach, bis zur Ernte. Sieh zu, daß du viel Weizen wirst.

Ich gutböser Mensch

Unsere schönste Sehnsucht ist die, gut zu sein. Aber wir müssen nicht gut sein und sind es auch nicht. Jesus selbst wird einmal »guter Meister« genannt, und da fährt Jesus den an, der das sagt: »Was heißest du mich gut. Niemand ist gut außer Gott allein!« (Markus 10,18).

Wir Menschen sind verführbar. Aber Jesus sagt: »Die ihr arg böse seid, könnt euren Kindern doch gute Gaben geben« (Matthäus 7,11). Und damit beschreibt Jesus den Schmerz und das Glück, ein Mensch zu sein, nicht vollkommen gut, nicht ganz böse, sondern eine Mischung aus Hellem und Dunklem, Licht und Schatten – »gutböse, bösgute Menschen« (Robert Musil).

Wir wollen gut sein ohne Schatten

Wie schwer es den Erwachsenen fällt, Schuld einzugestehen vor den Kindern, wie schwer es den Politikern gegenüber der Öffentlichkeit fällt, eigenes Versäumen beim Namen zu nennen! Wir sagen zwar: Kein Mensch ist unfehlbar. Aber wenn man konkret eigene Sünde benennen soll, dann fällt uns meist nichts ein. Wir wollen makellos sein. Damit zählen wir zu denen, für die Jesus die Geschichte vom Pharisäer und Zöllner erzählt (Lukas 18,9–14):

Er sagte aber zu etlichen, die sich selbst vermaßen, daß sie fromm wären, und verachteten die anderen, dies Gleichnis: Es gingen zwei Menschen hinauf in den Tempel, zu beten, einer ein Pharisäer, der andere ein Zöllner. Der Pharisäer (also ein Gesetzeslehrer der damaligen Zeit) stand und betete bei sich selbst: Ich danke dir, Gott, daß ich nicht bin wie die anderen Leute, Räuber, Ungerechte, Ehebrecher oder auch wie dieser Zöllner da. Ich faste zweimal in der Woche und gebe den Zehnten von allem, was ich einnehme.

Und der Zöllner (das waren die von den Römern eingesetzten, die kassierten am Zoll und nahmen mehr als sie mußten und waren darum verhaßt im Volk) – und der Zöllner stand von ferne und wollte auch seine Augen nicht aufheben gen Himmel, sondern schlug an seine Brust und sprach: Gott, sei mir Sünder gnädig! Ich sage euch, sagt Jesus: Dieser ging hinab gerechtfertigt in sein Haus, nicht jener.

Jener, der gesetzestreue, korrekte, den staatlichen und kirchlichen Ordnungen verpflichtete Mensch, will nur eins: Er will Gott dienen. Er ist pflichtbewußt, er verzichtet, er bringt Opfer, er bürdet sich Mühen auf, er hält sich an die Gesetze, die auch Nächstenliebe gebieten. Er tut mehr noch, als verlangt ist.

Und doch ist er schuldig

»Ich habe mir nichts vorzuwerfen«, sagt er innerlich. An dieses von unseren Eltern, von unseren Großeltern ererbte »Tue recht und scheue niemand« hält er sich. Und aufrecht dankt er dem Herrgott, daß er so ist, wie er ist, und nicht wie dieser Schuft da. Dieses Messen und Rechten, dieses Selbstvermessene, ist wohl seine Schuld.

Und wo bin ich? Wenn ich an diesem selbstgerechten Pharisäer Maß nehme, kann ich gut sagen: »Ja, ich bin demütig, bin ehrlich, ich bin einsichtig.« Aber dann bin ich genau wieder in der Rolle dessen, der sich damals auch vermaß.

Sich erkennen tut weh

Ich muß lernen, wer ich bin. Ich muß mich selbst erkennen; mich, mit meiner Sehnsucht, gut zu sein, und meiner Anlage, auch Böses, Häßliches, Schäbiges zu wollen. Aber sich auf die Schliche kommen schmerzt. Wir haben ja alle ein Ideal von uns. Wir wissen, wie der Mensch zu sein hat: »Edel sei der Mensch, hilfreich und gut«, fair und großzügig und freundlich und beherrscht – eben ein »anständiger« Mensch. Und ich – mit meiner Wut, meiner Gier nach Bestätigung, meinem Zittern vor Verachtung, meiner Angst, kein Geld zu haben, meiner Schadenfreude, wenn es den Richtigen, den in meinen Augen Richtigen, trifft. Wie steht es denn dann mit meinem Ideal, gut zu sein, wenn ich gleichzeitig erleben muß, wie häßlich ich sein kann, wie gewalttätig. Meine Bosheit möchte ich verstecken.

Methoden der Ablenkung

Bosheit verstecken ist uns von früh an beigebracht worden. Wir werden ausgeschimpft; »der hat doch angefangen«, so versuchten wir uns in Sicherheit zu bringen. Oder wir versuchten uns zu tarnen. Wenn wir Wut hatten auf einen anderen, dann gaben wir uns als Gehilfen der Eltern aus (vor allem als ältere Geschwister), als Gehilfen derer, die oben waren. Unsere Lust, den anderen zu unterwerfen, tarnen wir durch Erziehungsauftrag; mit Sheriffallüren, setzen wir Recht und Ordnung durch. Im Namen einer höheren Instanz läßt sich ungestraft böse sein. Oder wir halten andere hin als unsere Prügelknaben.

Einfach vergessen

Raffinierter, als mein Böses zu tarnen, ist es, mein Bösesein zu vergessen. Wir können dann meinen, wir hätten es uns abgewöhnt. Aber, so lehren uns die Seelenkundigen, und wir ahnen es ja selber: Wir haben das Böse nur aus unserem Bewußtsein verdrängt. Aber wenn wir etwas besonders heftig ablehnen, wenn wir in Wut geraten, dann muß es uns Signal sein: Da ist doch irgend etwas angesprochen, was mich selbst sehr berührt und bewegt. Wenn wir Irrsinnsträume haben oder Amoklaufphantasien, erschüttert uns das Böse. Wenn wir es vergessen, vergißt es uns nicht, es rumort in uns und treibt uns zu Taten, für die wir uns selber hassen. Die Folge ist: Ich muß nach außen doppelt fleißig und korrekt und fürsorglich erscheinen. Und diese Maskierung überfordert mich und macht mich krank.

Gute Nachricht für Sünder

Aber so hat uns Gott nicht gemeint. Wohl hat er uns mit Sehnsucht angesteckt, gut zu sein, aber er liebt die Sünder. Diese Gewißheit setzt Jesus in die Welt und lockt dazu, uns anzunehmen als Mischung aus Gutem und Bösem. Das ist die Gnade des einen, der ferne steht und betet: »Gott, sei mir Sünder gnädig!« Jesus sagt: »Dieser ging gerechtfertigt in sein Haus.« Weil er Gott recht war in seinem Zutrauen: Gott liebt mich, und Gott braucht mich, auch mit meinen bösen, häßlichen Seiten. Dieses Wissen, diese feste Gewißheit befreit ihn von der Last, besser scheinen zu müssen, als er es wirklich ist.

Ich muß mich nicht mehr verachten

So muß ich nicht ein anderer sein. Ich darf ich sein, darf ich werden. Wenn Gott mich annimmt, dann darf ich mich auch selbst annehmen und mich mögen, mich mit meiner Chaotik und meiner Aggressivität, der Wildheit meines eigenen Ichs. Wer Gott glaubt, der ist frei, sich kennen zu lernen – und muß sich nicht mehr hassen.

Dann kann ich meine Wünsche in Besitz nehmen. Wenn ich sie nicht kenne, mir meine Wünsche nicht bewußt mache, dann besitzen meine Wünsche mich. Wenn ich aber meine Wünsche und Begierden kenne, dann kann ich meine Wünsche und Begierden beherrschen lernen. Ich hätte auch gern mal einen Sklaven oder eine Sklavin, die alles machen muß, was mir Spaß macht. Ich weiß aber genau, daß es nicht gut ist für mich, auch nicht für den anderen Menschen, also kann ich mich mühen, meinen Wunsch in Schach zu halten. Aber nur, wenn ich ihn mir eingestehe.

Ich möchte auch gern mal ohne Pflicht und Verantwortung Egoist sein. Wenn ich das weiß, dann kann ich mir Mittel und Wege suchen und Zeiten, in denen ich mir das genehmige. Wenn ich es mir nicht eingestehe, dann muß ich ja dauernd meine Eigensucht mit Pflicht tarnen. Ja, ich will Einfluß haben. Wenn ich mir das eingestehe, dann kann ich aufpassen, daß ich andere nicht unterbuttere. Ja, ich hab's gern friedlich und ruhig. Wenn ich mir das eingestehe, dann ist meine Friedfertigkeit gar nicht mehr so glanzvoll, sondern sie schließt ein, daß ich Komplize werde an so vielem Unrecht, weil ich nicht einschreite und nicht »Feuer« schreie, sondern alles unter den Teppich kehre, aus Bequemlichkeit.

Wissend kann ich das Dunkle in mir so zur Geltung bringen,

daß es möglichst wenig schadet. Wissend kann ich meine Bosheit entkräften. Mein Bössein muß dann nicht rausschießen, so eruptiv wie eine Vulkanexplosion, muß auch nicht rausträufeln in Gifttröpfchen – hundertmal am Tag in feinster Dosis verspritzt, weil es an meinem Wissen, an meinem Erkennen vorbei passieren muß.

Der Weg zum Himmel führt durch die Hölle

Daß Jesus Mut macht, uns als Sünder anzunehmen, widerspricht allen idealen Theorien vom guten Menschen oder dem nur »sogenannten« Bösen. Es ist ernüchternd, wenn wir aus unserer Illusion aufwachen, die Bösen, das seien die anderen, die, die in der Zeitung stehen. Wir werden mit dem Schmerz leben müssen, zu wissen, daß wir einander auch wehtun. »Man muß einsehen, daß der Weg zum Himmel durch die Hölle führt. Das ist der einzige Weg. Wenn wir das Böse in uns als unser eigenes annehmen, dann brauchen wir nicht mehr zu befürchten, daß es außerhalb unserer Kontrolle auftritt« (Sheldon B. Kopp).

Das ist gute Botschaft für den Selbstgerechten wie für den, der sich nur gehen läßt. Eine gute Botschaft für den, der sich pausenlos überfordert wie für den, der nur Laune hat auf das, wonach ihm gerade der Sinn steht. Beide brauchen einander. Sie können miteinander lernen, wie lebensnotwendig beides ist: Eine innere Ordnung, die mich nicht wegschwemmt und die Bereitschaft zur Freude, die mich lebendig hält. Der eine lernt, sich zu gestatten, auch böse, gereizt, egoistisch zu sein; der andere lernt, daß auch er Gutes tun kann und daß der Geschmack am Gutsein wunderbar ist.

Der eine lernt Güte, lernt zu verstehen, wie ein Mensch »in prekärer Lage oder aus seiner bisherigen Lage jäh entfernt, imstande ist, stehenden Fußes unter die Drachen zu gehen«, so sagt es Ernst Bloch. Und der andere lernt auch sein Quantum Sünde zu tun, ungeheuchelt. Nur auf irdische und unvollkommene Weise können wir unser kleines Stück Gutsein leben. Es bleibt dabei: »Wir sind allzumal Sünder« (Römer 3,23).

Sein und Haben

Geld bedeutet Möglichkeiten; salopp gesagt: »Ohne Moos nichts los!« Und doch: »Hast du was, dann bist du was«, ist nur eine Viertelwahrheit. Denn wer sind wir aufgrund von Besitz? Nur Besitzer. Und was wollen wir sein? Wir wollen gesund bleiben oder es wieder werden, wir wollen gut sein, wir wollen geliebt sein, wir wollen weise sein. Das alles ist mit Geld nicht zu haben. Das Haben schafft kein wesentliches Sein. Haben, Raffen, Festhalten stehen dem Wesentlichen im Wege. Aber muß Besitz und Menschlichkeit gegeneinander stehen? Gibt es nicht doch eine Versöhnung von Sein und Haben? Also: Nicht Sein aus dem Haben, nicht Sein ohne Haben, sondern: Sein und Haben.

Ein Mensch mit viel Besitz kommt zu Jesus (Markus 10,17–31)

Was, guter Meister, soll ich tun, um Halt im Wesentlichen zu gewinnen? Ich habe viel verdient, habe alles, was mit Geld zu erwerben ist. Aber in mir ist es leer! Ich will gut werden!

Da wird Jesus ganz hart: Gut werden, dich gut machen willst du? Und mich nennst du einen Guten. Niemand ist gut, denn Gott allein! Also trachte nicht, dich gut zu machen! Sieh dich in Beziehung zu Gott! Sieh dich im guten Zusammenhang! Sieh dich beschenkt vom Guten.

Schlage die Hände zusammen vor Dankbarkeit. Die Quelle alles Guten hat dich beschenkt mit Leben und Begabungen in Fülle, auch der Begabung, anderen zu nützen und damit noch Geld zu verdienen. Erlebe dich als vom guten Gott lebend! Jeden Augenblick, jede Kraft nimmst du von ihm! Das schafft dir Sein, das schafft dir unantastbare Würde: Du, ein Kind Gottes, ein Ableger vom Guten. Du mußt nichts machen. Du mußt nur zulassen, daß Gott in dir Gutes ausrichtet. Du kennst die Gebote: Nicht töten, nicht in Ehen einbrechen, nicht deine Ehe zerbrechen, nicht stehlen, niemanden berauben, nicht fälschlich beschuldigen, Vater und Mutter ehren!

Und der junge Mann sprach zu ihm: Das alles habe ich getan von Jugend auf.

Die Gebote bezeichnen einen Weg, den wir gar nicht ausschreiten können. Du sollst nicht stehlen! Allein dieses Gebot, genau beobachtet, verhindert, daß ich reich werde und bleibe. Viele Güter kann ich doch nur auf Kosten anderer erwerben. Bedürfnisse ausnutzen, das macht reich. Nehmen, was der Markt, also die anderen, hergeben, das macht reich. Wenn ich mehr nehme, als ich brauche, wenn ich nehme, was ich bekommen kann aufgrund meines Vorteils, meines Geschickes, meiner Lage, meiner exzellenten Produkte, meiner Redegabe – dann ist das nahe am Diebstahl.

Einer hat Vermögen, das sich verbraucht – seine Arbeitskraft.

Einer hat Vermögen, das sich vermehrt – Kapital. Mein Kapital vermehrt sich dank deiner Arbeitskraft, und diese Arbeitskraft nimmt ab – ist das nicht schon Diebstahl? Nicht Diebstahl im Sinne des Bürgerlichen Gesetzbuches, aber im Sinne eines geschwisterlichen Zusammengehörens vor Gott.

Ach, hätte der Jüngling geschwiegen und dieses Gebot mit Leben gefüllt. Hätte er sich sagen lassen: Du, mit deiner Begabung, anderen zu nützen, nütze vielen! Aber achte dabei darauf, nicht zu stehlen, und denk an Martin Luthers Erklärung zum 7. Gebot: »Hilf deinem Nächsten sein Gut und Nahrung zu bessern und behüten.« Hilf ihm zu seiner Chance, schaff ihm Arbeit, nimm ihm möglichst wenig Zeit! Gib ihm so viel du kannst für sein Geld! Hätte der junge Mann diesen Auftrag neu angenommen – aber nein, er wollte höher hinaus.

Jesus lädt ihn ein: »Folge mir nach« – nur ganz wenige hat er dazu aufgefordert. Die allermeisten ließ er in ihrem Stand und Beruf. Doch ihn sah er an und gewann ihn lieb. Ihn ruft er in seine Freundschaft. »Laß alles zurück, gib's den Armen. Folge mir!« Jesus bietet ihm eine unendliche Befreiung an, einen Freispruch: Laß doch alles los! Sollen sich andere darum kümmern! Gib's den Armen, folge mir nach!

Doch er brachte es nicht über sich und »ging traurig davon, denn er hatte viele Güter«. Darauf Jesus zu seinen Jüngern: »Es ist wohl leichter, daß ein Kamel durch ein Nadelöhr gehe, als daß ein Reicher ins Reich Gottes komme.«

Reich Gottes, jetzt

Jesus zieht uns weg von einer Grundhaltung, die doch letztlich das offene Geheimnis aller Reichen ist: Mehr nehmen als geben. Dagegen setzt er sein: Zersorg dich nicht! Leb aus der Liebe, leb die Liebe, die Freude, die Freundschaft, die Güte! Leb vom guten Gott inklusiv Arbeit und Mühe! Auch die Spatzen schuften den ganzen Tag – du sollst arbeiten, das gehört zu deinen Fähigkeiten, zu deinen Begabungen! Aber – diene den Menschen und nicht dem Geld!

Es ist Vermögen, das zum Verschlingen neigt (und darum wird in der Bibel das Geld so oft Mammon genannt, nach einem chaldäischen Götzenbild): Macht will mehr werden.

Warum kann der, der eine Million Mark verdient hat, nicht aufhören, sondern will die zweite Million Mark machen? »Könnte er bei der ersten Million aufhören, hätte er die eine Million schon nicht zusammengekriegt« (Carl Friedrich von Weizsäcker).

In uns ist ein Sammeltrieb, eine Gier, uns Halt zu verschaffen durch Sachen; auch die Lust, mehr Sicherheiten gegen Unwägbares aufzurichten. Wieviel Lebens- und Unfallversicherungen, Kasko- und Rechtsschutzversicherungen bezahlen wir!

Besitz kann verschlingen. »Ich kann doch mein Haus nicht alleine lassen!« Schmuck muß bewacht werden. Geld entfremdet. Hat man es zu viel gebracht, wird man leicht arrogant und ist sich für den normalen Umgang zu schade. Hat einer im Lotto gewonnen, grüßt er die Verwandtschaft nicht mehr. »Der Ton der Besitzenden, ein Ton des selbstverständlichen Anrechts« (Max Frisch). Die Gewißheit, sich die Gefügigkeit anderer Leute kaufen zu können, gefährdet uns. Der Arme ist genauso gefährdet, nur andersrum, durch Neid, und er muß klauen – möglicherweise. Der Wohlhabende ist gefährdet dadurch, daß er sich sein Menschsein, sein Klein-Sein, seine Abhängigkeit von der Gnade verstellen kann durch Glanz und Macht. Und er meint, er sei nur von Neidern und Dieben umgeben. Das kann ihn mit dauerndem Argwohn vergiften: »Liebt er jetzt mich oder nur mein Geld?« Reiche haben auch meist nur die eine Hoffnung: nämlich, daß alles so bleibt, wie es ist. Während der Arme eine Utopie, einen Traum von einer gemeinsamen Welt hat, wo alle ihr gutes Teil haben.

In ein vertrauensvolles Verhältnis zu Gott und dem Leben gelangen und ein Vertrauensverhältnis zu allen Menschen bauen ist schwer. Nicht nur wenige Reiche sind gefährdet. Der Jünger sagt hellhörig: »Wer kann denn überhaupt selig werden?« Wir alle haben ja mehr, als wir brauchen. Wir alle haben solche Angst, auf Vertrauen und Güte und Gnade angewiesen zu sein. Wir wollen Gott und dem Nächsten ganz und gar nicht völlig ausgeliefert sein. Wir wollen nicht anderen zur Last fallen. Und sie sollen es gefälligst uns auch nicht.

»Mit Gott ins Reine kommen, ist für Menschen unmöglich«, sagt Jesus. Aber Gott kann ins Reine bringen. Das ist gute Nachricht für uns Reiche.

Petrus setzt nach: »Wir haben alles verlassen, wir sind dir nachgefolgt.« Da sagt Jesus: »Wahrlich ich sage dir, es ist niemand, der Haus oder Brüder oder Schwester oder Mutter oder Väter oder Kinder oder Äcker verläßt um meinetwillen und um des Evangeliums willen, der nicht hundertfältig empfange jetzt Häuser, Brüder, Schwestern, dann das ewige Leben.«

Das ist der Ruf ins Vertrauen: Du mußt nicht besitzen, wovon du Nutzen hast. Ja, Grundeigentum ist animalische Heimat (C. F. von Weizsäcker). Jeder Fisch will sein Revier. Schön, wenn man sein Haus hat mit Garten. Es ist ein Stück Freiheit, wenn es dann zur Freiheit dient und zur Freude und nicht Fron wird – ein dauernder Zwang, jeden Pfennig umzudrehen. Hundertfältig dir Äcker, Brüder, Freunde, Häuser, wenn du nicht besitzen mußt, sondern im Vertrauen zu Gott lebst.

Ungerecht ist Geld allemal. Denn, wenn es auch legal erworben ist, es ist doch Glück, es ist doch Gnade, es ist doch Begabung, die es mir zuschanzte. Also macht euch Freunde damit! Macht euch Freunde und Freude! So Jesu geniale Weisung.

Sein und Haben – ein weites Feld. Aus dem Kindsein bei Gott könnte ich lernen, großzügig mit dem Haben umzugehen. Und mir das sagen lassen: »Wem viel anvertraut ist, von dem wird viel verlangt« (Lukas 12,48). Das ist das eherne Gesetz der Welt und Gottes Gesetz dazu.

Lieben und Hassen

Meine Zeit in Gottes Händen! Aber zu meiner Zeit gehört auch die Zeit des Hassens. Zu mir, zu dir gehört auch Haß. Wie kann ich mich mit Haß in Gott geborgen glauben und was ändert das?

Mein, dein Haß – vielleicht genügt schon ein leichtes Antippen der Erinnerung, und schon ist diese Energie glühend heiß wieder da.

Hast du einen Menschen vor Augen, der so entsetzlich mit dir umsprang, daß du ihn haßt, noch immer?

Es war, es ist die uns vor Augen geführte Ohnmacht, die wir hassen, die Hilflosigkeit, die über uns verhängt wurde, und im Innersten wissen wir, das Recht, uns so zu entblößen, uns so zu erniedrigen, steht dem Täter nicht zu. So hassen wir unsere Ohnmacht und den, der sie uns aufzwingt.

Darum sind Geiseln in den Händen von Flugzeugentführern uns so nah. Sie erleiden Ohnmacht! Sie erleiden die Hölle! Unter unser aller Augen, nur durch die metallene Haut des Jumbos unseren Blicken entzogen, sterben sie tausend Tode der Angst. Sie sehen sich ausgeliefert an Menschen, die sie nicht mehr als Mitmenschen, sondern als Tauschobjekte, als Wechselgeld in einem Machthandel ansehen.

Mit nahezu allen Mitteln wollen wir Zwangslagen verhindern. Und *doch* gehört die Erfahrung von Ohnmacht ganz wesentlich zu unserem Menschsein. Einen geliebten Menschen sterben, das Haus in Flammen aufgehen sehen, Kinder nicht vom selbstzerstörerischen Trip abbringen können, einer zehrenden Krebskrankheit ausgeliefert sein, meine Arbeitskraft anbieten und immer wieder weggeschickt werden, nackte Not, die einen zur Tiernahrung greifen läßt oder zur Untat hinreißt – diese und andere Arten von Zwangslagen bringen uns auf unseren Kern: Wir sind nur eine Hand breit über dem Chaos gehalten.

Unsere Kraft ist begrenzt, begrenzt die Widerstandskraft unseres Körpers und Geistes. Ansprüche überfordern uns. Technischer Zwang zur Genauigkeit spannt unsere Nerven bis zum

Zerreißen. Nur ein falsches Wort, nur einen Augenblick Unachtsamkeit, und schon nimmt eine Kettenreaktion ihren Lauf. Eine versehentliche Rempelei, und schon sieht sich einer angegriffen, sieht rot. Eine Karambolage, und der Autofahrer, dem man sein geliebtes Stück zerbeult hat, steigt haßerfüllt aus, als hätte man *ihn* verletzt.

In uns ist so viel Angst, man wolle uns ans Leben, an die Ehre, ans Geld. So sind fast bei uns allen die Antennen ausgefahren, nur ja reagieren zu können. Es gibt Menschen, die einen Prozeß nach dem anderen führen, sie sehen sich von Haß umstellt und werden voll Haß.

Man schlägt um sich, egal wen's trifft! Man will sich einen Rest von Stärke beweisen durch Niederlagen anderer, wer unterliegt, zählt nicht. Haß aus Ohnmacht greift um sich, wird total. Jeder Krieg zwischen Eheleuten, Nachbarn oder Völkern neigt, je länger er dauert, zur Ausweitung. Man will dem Gegner Schaden zufügen. Da liegt die Frage nahe: Kann Gott ein Geschöpf gewollt haben, das zu solcher Zerstörungsgier fähig ist? An den Tieren, unseren fernen Vettern, könnten wir lernen, die Güte Gottes noch im Haß aufzuspüren.

Bei Tieren ist dieser Antrieb stark, aber in Schach gehalten durch Instinkte, Blockierungen. Tiere können nicht blind töten, töten nur, um zu überleben – und wenn sie satt sind, trollen sie sich.

Der Mensch aber will mehr als überleben: Er will Ehre, Besitz, Achtung, will geliebt sein, will ein Werk tun, will Nachruhm. Wir können uns über andere erheben – »um mich selbst groß zu machen, um mir einen Namen zu machen«, heißt es in der Geschichte vom Turmbau zu Babel (1. Mose 11).

Die Illusion: Ich bin der Herrgott

Ich kann behaupten, mir stehe an Gütern und Anerkennung mehr als anderen zu.

Wir können Methoden erfinden, um andere zu unterwerfen. Unsere Leistungsgesellschaft ist zwar eine gemäßigte, dennoch bleibt sie eine Herrschaftsgesellschaft. Daß mir aus mehr Wissen oder mehr Fleiß ein Vielfaches an irdischen Gütern zustehe als anderen, ist eine Behauptung, auf Macht gestützt, nicht auf Wahrheit. Man braucht doch nur die Reichen und Armen im Erdmaßstab zu sehen, da stellt sich doch die Verteilung der Güter nach Maßgabe von Denkkraft oder Fleiß oder Finanzkraft als Unrecht heraus. Darum ist dieses System, in dem wir leben, so voller Angst. Wer anderen die Chance zu menschenwürdigem Leben nimmt oder der Not des anderen tatenlos zuschaut und ihn der Hilflosigkeit überläßt, der produziert doch Haß. Und viele im Leid, viele in Not schämen sich. Sie sehen ihre Not mit den infamen Augen der Wohlhabenden, nehmen ihr Recht, auch ihr Widerstandsrecht, nicht wahr. Sie essen die Reste aus Mülleimern, sie üben sich in Geduld. Wenn Ohnmacht Haß gebiert, ist das allemal menschlicher als sich zu verstecken. Jedenfalls ist es ekelhaft, wenn Besitzende denen in Not ihren Haß ausreden wollen, nur damit sie ungestört leben können.

Angst und Alpträume sind die Strafe, wenn wir nicht bessere Gerechtigkeit erarbeiten. Der Ruf nach mehr Polizei verkennt den Kern des Problems. Wo mehr Gerechtigkeit möglich wäre und nicht gewährt wird, muß Haß wachsen und zum Ausbruch kommen. Es sei denn, wir fänden heim in die Religion.

Es ist Zeit für Frömmigkeit, Zeit, daß die Seele nach Hause findet zu Gott – wenn es IHN noch gibt, wenn es IHN für uns noch gibt.

Meine Zeit in Deinen Händen, auch mit meinem Haß, den ich leide und den ich bereite! Ich, du nicht mehr von Gott losgerissen, sondern eingebettet in den Energie-Strom des Lebens, getragen und ernährt und durchwärmt von Gott und dem, was er uns gewährt. *Darin* mich versenken, daß ich nicht mehr Mitte bin, um die ich alles zum Tanzen bringe, ich auch nicht mehr an den Rand Geschleudertes bin, sondern daß ich in Gottes Händen stehe, eingekerbt in IHN, zu IHM gehörend, sein Geschöpf, sein Atem, Teil seines Willens.

Gehört nicht auch der Haß zu Gott?

Ich gehöre zu Gott mit meinem Haß aus Ohnmacht oder aus Verblendung. Und er läßt es sich von mir gefallen. In ihm haften die Stacheln des Hasses. Er läßt sich ans Kreuz schlagen in Gestalt des Jesus und aller Opfer. Dies ist Gottes Gegengeschichte inmitten des Chaos und der Unterdrückung. Haß wird nicht bleiben. Auch der Haß hat seine Zeit, hat die Zeit, die Gott ihm läßt.

Jesus kann mich lehren, meine Wut auf die Ohnmacht zu zähmen. Ich kann die, die mich beengen, die mich in Zwang legen, verstehen lernen. Ich muß nicht blind um mich schlagen. Auch der Macht über mich ist ihre Zeit zugemessen, auch die Mächtigen werden in Ohnmacht gestoßen. Vielleicht gelingt sogar in mir Heiliger Geist, der kämpft, das Unrecht zu dämpfen durch Klugheit, durch Verhandlung, durch Appell an den Eigennutz. Immerhin muß nicht alles beim Alten bleiben, soll nicht alles beim Alten bleiben. Immerhin ist das Heilswort gesprochen: »Liebet Eure Feinde, tut wohl denen, die Euch hassen!« (Matthäus 5,44) Der es sagte, dieser Jesus, der war schon in dem Haus aus Licht. Er sah die um Gott kreisende geschwisterliche Welt vor sich. Er lebte schon nicht mehr aus den alten Instinktordnungen von Blut und Boden und Familie und Besitz und Strafe. Er zog damals, und er zieht heute Menschen in eine Friedensgeschichte und flößt diese Gewißheit ein: Du gehörst zum Ganzen, das gut wird. Fürchte Dich nicht!

Wären Gut und Böse für den Sinn der Welt gleichgültig, dann würden die, die am stärksten hassen, die Erde besitzen. Aber wenn Gottes liebevolles Bemühen die Oberhand gewinnt, werden die Friedfertigen das Erdreich besitzen. Es bleibt dies Vertrauen möglich: Gott setzt auch dem Haß die Zeit. Das Böse wird nicht triumphieren. Von diesem Glauben getragen, kann unser Haß gedämpft werden. Als Gottes geliebte Menschen müssen wir uns nicht verneinen und verachten und tarnen.

Haß und Schadewut gehören zu unseren äußersten Möglichkeiten. Hüten wir einander! Reizen wir uns nicht! Halten wir uns statt dessen eher hin als Puffer, wenn wir können. Damit das Hassen seine Zeit hat und vergeht.

Lügen und Vertrauen

In uns ist ja ein Wissen vom Unrecht der Lüge, weil in uns eine Ahnung ist vom Zusammengehören, und daß wir als gleichwertig und vertrauenswürdig gedacht sind. Ursprünglich ist uns eine ganz kindhafte Übereinstimmung von Willen und Tun, Fühlen und Ausdrücken mitgegeben. Im Grunde gilt: Wer lügen will, muß sich erst selbst überreden (Goethe).

Aber was mir Lust macht, macht dem anderen vielleicht Unlust. Das lernen wir als Kinder schnell. Und wie wir doch unsere Lust gewinnen, ohne den anderen zu arg zu verprellen, das gilt es dann im weiten Raum der List, der Ausflüchte, der Beschönigungen, der Lüge auszuloten. Und wir lernen den Raum des Vertrauens schätzen, wo wir uns schwach und begierig und bedrohlich zeigen dürfen, ohne Stärke zu provozieren.

Zuviel Falschgeld

Im Innersten wissen wir: Lügen ist schlecht. Wie sind wir enttäuscht und beleidigt, wenn wir belogen werden. Damit bestätigen wir die Regel: Vertrauen ist Vertrauen wert. Sie muß als Regel gelten, wenn Zusammenleben überhaupt menschlich bleiben und werden soll.

Es ist mit der Wahrheit wie mit der Währung. Ist Falschgeld im Umlauf, und zwar so viel, daß Falschgeld nicht Ausnahme ist, sondern die Regel, dann nimmt gar keiner mehr einen Geldschein an. Wenn jeder erst mal beweisen muß, daß sein Hunderter echt ist, dann bricht der ganze Geldverkehr zusammen. Es hat sich bewährt, daß wir annähernd wahrhaftig miteinander umgehen. Selbst Schecks werden uns, wenn auch unter Vorbehalt, als Bargeld gutgeschrieben. Bis zum Erweis des Gegenteils gilt der Angeklagte als unschuldig; ja, im Zweifel muß er freigelassen werden.

Wir müssen erst mal Glauben schenken – in der Banksprache: Kredit geben. Sonst wäre das Verstehen untereinander lahmgelegt wie ein Computer ohne Strom.

Der Strom des Verstehens untereinander ist das Vertrauen, daß der andere es annähernd so meint, wie er es sagt. Annähernd!

Und noch ein Trumpf gegen die Lüge ist ja: Selbst wenn ich alle belügen könnte, ich selbst wüßte um mein Lügen und wäre letztlich verloren.

Was ist Wahrheit? (Johannes 18,38)

Wahrheit ist die Übereinstimmung von Sachverhalt und Aussage, definiert das Lexikon. Ein Fingerabdruck und noch ein Fingerabdruck, beide sind genau gleich. Aber was ist daran wahr? Eine Schraube und noch eine Schraube, beide stimmen überein, aber passen nicht. Wenn man überhaupt von einer Wahrheit der Schraube reden kann, ist die passende Mutter die wahre Beglaubigung der Schraube.

Übereinstimmung von Sachverhalt und Aussage gibt es nur in der Naturwissenschaft: Wenn man zählen kann, wieviel Äpfel da liegen, wenn man die exakte Höhe eines Turmes zu bemessen weiß. Aber alles, was persönlich betrifft, ist schon gefärbt von Interessen. Schon wer mich fragt, das entscheidet über meine Bereitschaft, mich zu erinnern. Was ich von anderen erwarte, das besetzt schon meinen Denkapparat. »Man sagt, was man über sich gedacht haben will«, so faßt Max Frisch kurz und bündig unser Verhältnis zu Wahrheit und Lüge zusammen. Meine Angst, meine Hoffnung prägt schon meine Auffassung von einer Sache. Welche Bedeutung ich der Sache zumesse, das beleuchtet die Sache in einem eignen Licht. Ich habe alles Persönliche gar nicht sachlich, abgelöst von mir parat. Um wieviel weniger die Aussage über den Sachverhalt, warum ich einen Menschen liebe.

Wir wollen nicht aus der Liebe fallen, wir wollen nicht verstoßen werden, wir wollen keine Nachteile, wir wollen kein Leid, keine Entblößung, keine Verachtung. Wir wollen das alles verhindern. Und da wir alle mehr Liebe, mehr Anerkennung, mehr Erfolg wollen, als wir erlangen, sind wir leicht geneigt, die anderen zu verdächtigen, etwas gegen uns zu planen. Haben sie nicht sogar Ursache, skeptisch gegen mich zu sein? Denn ich kenne mich ja und muß zugeben, eigentlich müßte ich zufrieden sein mit dem, was ich habe an Anerkennung und Zuneigung. Warum sollen die anderen mich eigentlich lieber haben als ich sie? Und weil ich mich kenne und weiß, daß ich die anderen auch nur in Maßen mag und auch mal ganz gern einem was am Zeug flicke, setze ich ganz selbstverständlich doch diesem Angstzirkel voraus: Die anderen meinen es nicht gut mit mir.

Angst gehört zu unserer Erbmasse, zu unserer Bestimmung als sterbliche Wesen. Angst wird uns auch beigebracht. Kein Wunder, denn unsere Eltern sind auch mit Angst groß geworden. Man achte mal auf Kinder im Sandkasten. Da ist ein Kind, das dreht sich ängstlich um, immer sich vergewissernd, daß Mutter noch da ist. Das Kind kommt gar nicht dazu, richtig zu spielen. Es kann sich nicht vertiefen, es muß sich immer sichern, wie Mutter zu ihm steht. Wenn das so weitergeht, wird das Kind abhängig bleiben und von der Mutter erst loslassen, wenn es von einer anderen Faszination bezwungen wird, von einem Mensch, oder einer Sache, einem Pferd, einem Haus oder Geld. Es gibt Menschen, die lassen ihren Ehepartner oder ihr Haus möglichst nicht aus den Augen – aus purer Angst. Sie sagen »nur aus Liebe, nur aus Sorgfalt, aus Fürsorge«, aber diese Gründe verdichten sich dann zur Lebenslüge.

Das andere Kind im Sandkasten weiß, die Mutter ist da; und kann die Mutter vergessen. Es ist frei zu seinem eigenen Spiel; ist nicht darauf angewiesen, sich zu vergewissern. Es lebt im Vertrauen in die Verläßlichkeit der Welt, von der die Mutter ein Teil ist. Dies Kind glaubt, auch wenn ich Mutter nicht sehe, sind Kräfte der Bewahrung bei mir, auch in Gestalt meines eigenen Könnens, auch in Gestalt anderer, fremder Menschen. Dieses Kind kann sich auch Ungehorsam gegen seine Eltern mal erlauben. Es weiß, daß es nicht aus ihrer Liebe fällt. Es kann auch ein paar Stunden Krach im Haus ertragen, ohne daß es meint, die Welt bricht zusammen. Das Kind weiß, wir finden wieder zueinander, wir sind im Grunde nicht getrennt. Das Kind kann sogar mal lügen, wenn es sich anders nicht zu helfen weiß, denn dies Kind hat gelernt, daß seine Eltern wissen, sie haben auch schon gelogen und tun es immer noch, von Zeit zu Zeit. Und dies Kind weiß, die Eltern werden mitberaten, wie es weitergehen soll in Vertrauen.

Diese Zuversicht ist Jesu Glaube bei uns

Genau für diesen Glauben, diese Sicht der Dinge hat Jesus gelebt: Du fehlbarer Mensch bist geliebt von Gott, dem Sinnbetreiber des Lebens. Inmitten einer angstvergessenen und machtbesessenen Welt ruft Jesus Christus das Reich Gottes aus, das Reich der Freundschaft und der Teilnahme. »Bittet, suchet, klopfet an«, sagt Jesus (Matthäus 7,7) und drängt, daß wir einander nicht bei unseren Sünden, bei unserer Herzenshärte festhalten, sondern Güte hervorlocken dadurch, daß wir sie erwarten, erbitten, erflehen und sie auch vorbilden.

Vom Schwören

Jesus durchschaut, daß in einer verlogenen Welt der Schwur eine Insel für die Wahrheit schaffen soll. Im Interesse der Staatsraison soll der Schwur ein Stück sicheren Boden schaffen. Jesus widerspricht diesem Interesse, Gott als Oberpolizisten einzuspannen. Wir sollen Gott nicht benutzen, um mit der Angst vor der ewigen Strafe die Angst vor der Ehrlichkeit in Schach zu halten. Denn Jesus steht für einen väterlichen, mütterlichen Gott ein, der seine Sonne aufgehen läßt über Gut und Böse, einen, der die Verlorenen heimholt und die Sünder liebt – einen, der kein Strafgott ist, sondern ein Heiland. So ist auch die alte Paradies-Geschichte zu verstehen: Als Gott in den Garten der Welt kommt, sieht er die Menschen, sieht, was sie angerichtet haben, und ruft: »Adam, Mensch, wo bist du?« (1. Mose 3,9) Er bietet sich als Freund an, nicht als Zensor, er will zurechtbringen, will nicht vernichten. Aber wir Menschen schämen uns, sind über uns so enttäuscht, daß wir uns klein machen und uns verstecken und totstellen, aus dem Begehren, nicht schuld, nicht verantwortlich, nicht erwachsen zu werden. Und so lügen wir uns von Gott und unserem Selbst und vom Nächsten weg ins Jenseits von Eden. Bis, ja, bis uns der Glaube an die Liebe aufgeht durch Menschen, durch christliche Gemeinde, durch wunderbare Begebenheiten.

Die Liebe freut sich an der Wahrheit (1. Korinther 13)

Ja, die Liebe erzeugt die Wahrheit, sie erzeugt die Brüder und Schwestern, die sich nicht voreinander verbergen müssen. Wir haben es hauchweise schon erlebt, daß wir mit Brüdern und Schwestern, Freunden alles teilen konnten, nichts verbargen, uns nicht gegenseitig in Zwickmühlen gefangensetzten und von menschlichen Dingen göttlich und barmherzig reden konnten. Es gab Zeiten, es wird Zeiten geben dafür – Gott erlaubt uns doch so viel, räumt uns eine unauslotbare Freiheit ein: Der Vater sagt im Gleichnis zum älteren Sohn: »Du nahmst dir kein Schaf, um mit deinen Freunden fröhlich zu sein. Du hast mich verkannt, schlimmer als dein jüngster Bruder. Was mein ist, ist doch dein!« (Lukas 15,31)

Der Paulus, der auf so vieles verzichtete, sagt: »Alles ist mir erlaubt, aber nicht alles baut auf. Alles ist mir erlaubt, aber nichts soll gefangennehmen« (1. Korinther 6,12). »Ja, alles ist euer, die Welt, das Leben, der Tod. Alles ist euer, ihr aber seid Christi, Christus aber ist Gottes« (1. Korinther 3,22).

Das kann man nicht fordern, das kann man nur einräumen. Gott aber räumt uns Vertrauen ein, von allen Seiten umgibt er dich und hält die Hand über dich (Psalm 139,5). Du mußt nicht Frömmigkeit heucheln, mußt nicht ängstlich dich vergewissern, ob du Gott noch genehm bist. Wir schwimmen doch in ihm – im Vertrauen. Ich fehlbarer, in Eigenliebe befangener Mensch kann wachsen in der Freiheit der Kinder Gottes. Und kann Vertrauen gewähren, ja, Glauben schenken.

Ob einer mir vertrauenswürdig erscheint, das hängt davon ab, ob ich einlade zum Vertrauen, so daß er sich mir als vertrauenswürdig zeigen kann. Ich muß ihm erst Vorschuß geben, mich ihm anvertrauen, bevor ich erwarten kann, daß er sich mir anvertraut. »Immer muß ich erst die Wolken aus meinen Augen vertreiben, ehe ich den Himmel sehen kann«, sagt Peter Handke. So ist es wohl. Und das ganze Leben ist wohl ein Weg aus der Angst ins Vertrauen. Vertrauen aber macht Lüge überflüssig. Die Liebe treibt die Furcht und damit die Lüge aus.

Macht und Ohnmacht

Nachdenken über die Ohnmacht der Macht und die Macht der Ohnmacht – dazu könnte ein Wort des Paulus anstiften: »Gott hat zu mir gesagt: ›Laß dir an meiner Gnade genügen. Meine Kraft ist in den Schwachen mächtig‹« (2. Korinther 12,9).

Macht haben wir genossen, Ohnmacht – wir haben unter ihr gelitten. Als wir noch klein waren, auf Vaters Armen, lachten wir den Hund aus, der uns eben noch so ängstigte. Aber auch diese Erinnerung: Gerade hatte man sich in etwas verliebt, da kommt ein unsanfter Griff und hebt einen weg vom Spiel. Ich kann nicht bleiben auf eigenen Füßen, bin viel zu leicht, man trägt mich weg. Wir alle spürten den Genuß der Macht, wenn wir anderen auch gegen ihren Willen unseren Willen aufzwangen. Wenn der Lehrer klein beigab, fühlten wir uns groß. Und wenn im Beruf ein Wort genügt, daß die Dinge ihren Lauf nehmen, hat man es weit gebracht; so weit, daß man sich nichts sagen lassen muß, sondern das Sagen hat. Wir spürten auch das Leiden an der Ohnmacht: Die Wut, nichts machen zu können gegen den König vom Schulhof; die Demütigung, Objekt medizinischer Beurteilung zu sein, ohne zu wissen, was vorgeht; und die Nichtigkeit, zu der man verdammt ist, weil man diesem Beamten sein Anliegen nicht antragsgemäß vorbringen kann; und auch die Hilflosigkeit, nicht helfen zu können, obwohl die anderen das von mir erwarten. Kein Wunder, wenn wir von Kindesbeinen an lernten: Es ist gut, sich schwer machen zu können, sich durchsetzen zu können, nicht auf Gnade angewiesen sein zu müssen; gut auch, Beziehungen zu haben, auf deren Armen man blöde Hunde blöde Hunde nennen kann.

Aber Macht ist gefährlich

Sie kann uns verderben. C. F. v. Weizsäcker sagt: »Vielleicht gilt das: Macht an sich ist böse. Macht an sich, also nicht in das Gefüge menschlicher Werte eingefügt.« Aber auch dort, wo sich mit ihr ein Gefühl für Verantwortung verbindet, folgt sie ihren eigenen Gesetzen. Sie muß den Gegner machtlos, unschädlich machen, oder sie wird nicht dauern. Und es gehört zur Macht, Gegner zu produzieren. Der Sieger aber, der erfolgreiche Träger der Macht, entdeckt seine tiefe Machtlosigkeit, sein Unvermögen, mit Machtmitteln die Grundstruktur der Macht zu ändern.

Jesus und unsere drei Versuchungen

Die deutlichsten Formen, Macht auszuüben, werden bei Jesus als »Einflüsterung des Bösen« (Matthäus 4) bezeichnet: Die Menschen mittels Wunder zu beeindrucken, mittels Brot zu versorgen, mittels Herrschaft sich ihrer zu bemächtigen.

Beeindrucken, wenn auch nicht durch Wunder, ist unsere übliche Methode, Macht zu erlangen. Andern ihre Lebenskraft absaugen, indem wir sie für uns einnehmen, ohne uns an sie auszugeben.

Oder andere versorgen und bezahlen und so den Anspruch auf Geliebtsein erheben. In wieviel Ehen läuft es nach diesem Schema.

Oder Herrschaft als Mittel der Unterwerfung, Achtung auf Furcht begründet; »wes Brot ich eß, des Lied ich sing«. Wehrlos machen durch Respekt. Peter Noll: »Je höher im Machtgefüge einer steht, desto mehr kann er Leistungen anderer, die im Machtgefüge hochkommen wollen, für sich ausbeuten. Von hundert Prokuristen wird nur einer Generaldirektor, und doch schaffen sie wie verrückt für den Generaldirektor.«

Jesus widersteht den Versuchungen, Menschen zu unterwerfen. In Ohnmacht steht er für die Liebe ein, für die verbindende Wirkung Gottes in allem Lebendigen. Er entledigt sich der Privilegien, beutet es nicht für sich aus, Gott gleich zu sein, wird Mensch unter Menschen (Philipper 2,6). Er läßt sich an Gottes Gnade genügen. Er vertraut, daß Gottes Kraft in den Schwachen mächtig ist.

Dagegen bin ich noch ziemlich herrisch. Mein Autofahrstil ist wenig behutsam. Und wieviel Wahrheit sage ich zu gefällig, also knapp vorbei; wie betrachte ich meinen Ruf, als ganz und gar nicht zweitrangig; wie gern versorge ich, auch wenn ich dadurch entmündige; wie gern sammle ich glühende Kohlen auf das Haupt des Nächsten, wenn ich seine Feindseligkeit mit Großzügigkeit quittiere. (Diese letztlich lieblose Begründung schon bei Paulus, Römer 12,20). Kurz: »Gottes Kraft ist in den Schwachen mächtig«, das ist auch noch mein Lernpensum.

Auf dem Schulhof habe ich mal einen ungeliebten Schwächeren sehr verprügelt, und die Kameraden grölten mit. Aber es holte mich dann doch ein: Die Ohnmacht hat mehr Recht. Mehr Recht hat der, der des Rechts bedürftig ist.

Gandhi hat es den Engländern in Indien vorgelebt. Die Schwarzen leben es den Buren in Südafrika vor. Die obdachlose Mutter, der das jüngste ihrer fünf Kinder im Holzverschlag erfror und der man den Prozeß macht, lebt das Recht der Hilflosen auf Hilfe vor.

Ist Gott in den Schwachen mächtig? Keine Parole, wie Macht zu gewinnen sei, wird hier ausgegeben. Aber die nackte, die himmelschreiende Not ist Gottes Schrei zur Erde. Sein Mühen, uns menschlich zu machen, kommt auf den leisen Sohlen der Bedürftigen.

Es ist dies ein fast überirdisches Geschehen: Das Bedürftige erweckt in uns Erbarmen. Der Bedürftige rührt uns an und entbindet in uns schöpferische Kraft. Ein Säugling wimmert – und du weißt, was du zu tun hast! Was ihm fehlt, steht ihm zu. Du trittst für ihn ein; da ist die Kraft Gottes in den Schwachen offenkundig, und wir müßten zu ganz und gar verqueren Ausflüchten greifen, um das Notwendige nicht zu tun. Ist die Not schreiend, und ich als Einzelner bin unmittelbarer Zeuge dieser Not, drängt mich etwas unwiderstehlich zur Hilfe. Der Mitmensch, dem die Einkaufstüte platzte; der Bettler in bittender Haltung; der niedergeschlagene Passant – wir müssen uns zuwenden. Es ist, als griffe ein mächtiger Arm durch den Hilflosen hindurch nach uns: Jetzt bist du Mensch, jetzt wirst du Mensch. Wenn du dich drücken würdest, hättest du alle Würde verloren.

Es ist wohl die Kraft Christi, die uns ins Erbarmen stößt. Paulus sagt, er sei guten Mutes in Schwachheit und in Ängsten, weil er selbst in der Not den Christus am Werk sieht (2. Korinther 12). Der Geschundene vergegenwärtigt die Bedürftigkeit Gottes, er schreit seinen Bittruf (besucht! kleidet! speist! [Matthäus 25]) heraus.

Kaum auszumachen ist die Kraft, die von der Sanftmut ausgeht. Das leise vorgetragene Argument, die behutsame Frage, der zweifelnde Blick – wie leicht sind sie wegzuwischen. Die drohen oder locken können, die mit Ellenbogen drücken oder mit Vergünstigungen wedeln, finden eher Gehör als die Stummen. Die Cleveren und Pfiffigen, die Hartgesottenen, die Profis, die Schnellredner und Durchblicker, die ein Näschen haben, woher schon bald der Wind wehen wird, sie machen Punkte, nutzen die Chancen, lassen Beziehungen spielen und Konsequenzen durchblicken. Doch die sind auch die Gehetzten, die Belauerten, ihnen wünscht man baldigen Hals- und Beinbruch. Sie erzeugen ein Klima der Kälte, in dem sie selbst mit erfrieren. Sie wissen, daß sie gefürchtet sind, vielleicht als Geschäftspartner respektiert, aber doch nicht geliebt.

Sanftmut ist eine Erscheinungsform der Liebe, daher liegt ihre Kraft in der Schwachheit. Nicht die Drohungen, nicht die Belohnungen der Väter, sondern die Tränen der Mütter bereiten den Söhnen und Töchtern im Gefängnis das Heimweh. Die einen Blick für die Hilflosigkeit der Tyrannen haben, die noch auf den Funken Sehnsucht selbst in den steinernen Herzen setzen, die tun die Wunder. Weil sie ganz von sich absehen können, ja sich selbst als Opfer dem Löwen in den Rachen legen, kann ihnen die Bestürzung gelingen: Der nur auf Siegen und Unterwerfen gepolt ist, dem geht sein Irrsinn erst dann auf, und er durchschaut sein fadenscheiniges Spiel, wenn jemand keine Vergünstigung von ihm will. Kaiser Alexander gewährt Diogenes einen Wunsch und der sagte: »Geh mir aus der Sonne!« – Natürlich tut Alexander die Bedürfnislosigkeit des Philosophen als albern ab, aber Alexander hat einen gefunden, der ihm nicht aus der Hand frißt, einen, der frei ist, und das wird in ihm bohren.

Haß auf das, was uns Leid schafft, ist ja die normale Form der Gegenwehr. Der mir schadet, den vernichte ich (wenigstens im Kopf), erkläre ihn für wertlos, böse, will ihn ausrotten. – »Macht kaputt, was euch kaputt macht«, das ist der Haßgesang der Menschheitsgeschichte. Aber es gibt einen Gegenstrom. Seine Quelle ist Jesus Christus: Liebe deinen Feind, halte noch die andere Wange hin.

Dahinter steht ein Vertrauen, daß Gott auch mit dem Bösen fertig wird. Seid freundlich zu den Bösen, sie sind es nicht gern, könnte ein Wort des Jesus gewesen sein; auch sie sind Kinder Gottes, verführt, verblendet, auch sie Opfer, Besatzungsgebiet feindlicher Mächte, auf Gnade angewiesen mehr als die Gerechten, die mühelos freundlich sein können.

Die Kraft der Schwachen liegt in der Kraft, sich dem Haß anderer auszusetzen, um ihn möglicherweise aufzusaugen. Das rührt an das Geheimnis der Welt, anschaubar im Kreuz Christi – aber wir sollten es nicht bereden; leben wir es ein Stück weit!

Wie lernen wir uns verachten in unserer Schwachheit. Aber Mangel, Not, Mißhandlung, Schwachheit gehört zu uns und macht uns nicht verächtlich vor Gott. Alle sind der Hilfe aller bedürftig. Wer sich autark machen will, unverletzbar, der Vergebung nicht bedürftig, wer nie angewiesen sein will auf Hilfe, der wird erst im Sterben menschlich.

Riskieren wir doch mal, daß Gottes Kraft in den Schwachen mächtig ist. Das ist kein Lockruf, uns schwach zu stellen mit der Raffinesse der Schoßhunde. Das ist ein Freispruch: Du bist geliebt auch im Mangel. Wenigstens versuchsweise antworte auf Leid mit einem Ja. Es könnte sein, daß nicht das, was wir haben, sondern das, was wir entbehren, unsere Stärke ausmacht. Wie ja auch nicht unsere erfüllten Hoffnungen, sondern die unerfüllten uns ins ewige Leben tragen. Klassisch, nämlich vom Kirchenvater Augustinus, heißt das: Gottes bedürfen ist die Fülle.

Fülle und Mangel

Einer erzählte unter Stocken: Lange trank ich meinen Wein allein, bis endlich, endlich der ersehnte Mensch kam. Ich lud ihn zu mir nach Hause ein. Es sollte ein Fest werden. Aber es war kein Wein da. Die kristallenen Gläser standen bereit, und ich fand keinen Wein. So geht es mir immer. Ich komme nicht zur Freude, höchstens zu einem bißchen Trost.

Eine biblische Geschichte ist in gleicher Bildersprache erzählt: Johannes 2,1–12. Die Hochzeit zu Kana:

»Und am dritten Tage war eine Hochzeit in Kana in Galiläa, und die Mutter Jesu war da.

Jesus aber und seine Jünger waren auch zur Hochzeit geladen.

Und als der Wein ausging, spricht die Mutter Jesu zu ihm: Sie haben keinen Wein mehr.

Jesus spricht zu ihr: Was geht's dich an, Frau, was ich tue? Meine Stunde ist noch nicht gekommen.

Seine Mutter spricht zu den Dienern: Was er euch sagt, das tut.

Es standen aber doch sechs steinerne Wasserkrüge für die Reinigung nach jüdischer Sitte, und in jeden gingen zwei oder drei Maße.

Jesus spricht zu ihnen: Füllt die Wasserkrüge mit Wasser! Und sie füllten sie bis obenan.

Und er spricht zu ihnen: Schöpft nun und bringt's dem Speisemeister! Und sie brachten's ihm.

Als aber der Speisemeister den Wein kostete, der Wasser gewesen war, und nicht wußte, woher er kam – die Diener aber wußten's, die das Wasser geschöpft hatten – ruft der Speisemeister den Bräutigam und spricht zu ihm: Jedermann gibt zuerst den guten Wein und, wenn sie betrunken werden, den geringeren; du aber hast den guten Wein bis jetzt zurückbehalten.

Das ist das erste Zeichen, das Jesus tat, geschehen in Kana in Galiläa, und er offenbarte seine Herrlichkeit. Und seine Jünger glaubten an ihn.

Danach ging Jesus hinab nach Kapernaum, er, seine Mutter, seine Brüder und seine Jünger, und sie blieben nicht lange da.«

Nehmen wir diese Geschichte als Zeichen Jesu, seine Herrlichkeit zu offenbaren – damals in Kana, heute in uns.

Die Rollen

Probieren wir die verschiedenen Rollen aus. Das Stück spielt ja in deiner Seele, die Personen nimm als Kräfte in dir.

Da ist Jesus: Die Leuchtkraft auf dem Grund deiner Seele, die Heilenergie, dir beigegeben, die Verwandelkraft, dir anvertraut zur Seite gute Geister: Jünger, Begabungen, Talente.

Du bist auch Braut oder Bräutigam. Du feierst Hochzeit, du läßt dich einem anderen anvertrauen. Du willst fortan immer wieder einig werden mit diesem anderen. Du glaubst, ihr gehört zueinander und weil du das glaubst, wächst dir die Kraft zu, was an dir ist zu tun, um euch immer wieder zu einigen.

Ob Gott und Welt, Frau und Mann, Leib und Seele, Bewußtsein und Empfinden Hochzeit feiern: Auf ewig ungeteilt, zweieinig soll die Losung sein. Zwei Gegensätzliche werden ein Paar, haben sich festgemacht aneinander. Jetzt geben sie ein Fest. Alle sollen Zeuge sein: Zwei und doch ein Ganzes. Ein Hoffnungsprojekt, Grund zum Jubeln, zur Äußerung von Freude und Glanz und Fülle.

Du bist auch Gastgeber, freust dich an der Mitfreude anderer. Die Mitfreude stützt dein Wagnis. Du bist auch Wein: Element der Freude, Zeichen für Sonntag, für Ehre, für Üppigkeit, Stoff für Traum und Jauchzen, für Freundschaft. Du machst gelöste Zungen, gelöste Herzen.

Du bist auch Autorität, die Übersicht hat und sagt, was nötig ist. Du gibst Anweisungen, sagst anderen, was sie tun und lassen sollen. Du bist auch Mutter Maria, die meint, dem Christus den Platz und die Zeit zuweisen zu müssen.

Du bist auch leerer Krug: Kommst dir vor, wie hingestellt, nützlich; andere bedienen sich deiner, wenn sie wollen, und wehe, du wärest nicht ganz dicht. Du bist auch Personal, mußt tun, was dir nicht einleuchtet: Wasser in Krüge gießen, wo Wein gefragt ist. Aber du schleppst und schleppst. Du bist ja nicht zuständig dafür, was daraus wird.

Du bist auch Speisemeister, Zensierer, hast deine Vorschriften, weißt, was sich gehört; überwachst die Ordnung, hast dein Bild von dem, was geht und was nicht geht. Du merkst eine Unregelmäßigkeit. Daß da Wasser zu Wein wurde, nun gut – keines Lobes, keines Staunens wert, aber daß dieser gegen die Ordnung besser ist als der erste – ist ärgerlich. Soweit die Rollen in diesem Stück, das in unser aller Seelen spielt.

Welcher Rolle willst du ähnlich werden?

Du hast noch Spielraum, du mußt nicht automatisch weiterlaufen. Du bist nicht programmiert. Du kannst ein eigener Mensch werden, deine Hauptrolle finden. Aber du bist auch ein Ensemble mit vielen Rollen.

Du mußt Hochzeit feiern wollen – die Versöhnung des Getrennten mußt du erstreben. So viel Zerrissenes ist in dir! Du mußt die Einigung deiner Person wollen, sonst bleibst du unstet und flüchtig zwischen Selbstverachtung und Überheblichkeit. Deine Seele muß mit deinem Körper einig werden, du mit Gott, dem Ganzen, und dem Nächsten.

Du mußt auch Maria aushalten. Du mußt den Autoritäten Paroli bieten, die dir reinsprechen. Die Tonbänder der Befehle von Vater und Mutter und einstiger Gefährten schreien noch in deinem Kopf. Erwachsen geworden, darfst du sagen: »Was geht's dich an, was ich tue. Meine Stunde ist noch nicht gekommen.«

Du mußt auch Mangel leiden. Viel gibt's in deinem Leben, was dir die Freude verdirbt. Da müssen wir durch, und dann kommt das nächste, da müssen wir auch durch. Das Paradies war uns hier nicht versprochen. Zum Bewußtsein erlöst und verurteilt sind wir Menschen. Die Frage: »Warum das mir?« bleibt der Fels, an dem wir uns wundreiben. Mängelwesen sind wir Menschen. Immer fehlt was, und manchmal droht das Verschlingende, das Fehlende kann zum Satan werden. Und zu Tode betrübt kauern wir nieder, von Lasten bald erdrückt.

Aber es kann auch nur Peinliches sein, das dir widerfährt. Du möchtest am liebsten vom Erdboden verschluckt sein. Doch

Kleinmachen hilft nicht. Du bist zuständig und stehst da, dem Zorn und dem Gelächter preisgegeben. Das alles sind wir auch.

Aber in uns steht auch Jesus Christus

Auf dem Grund unserer Seele treibt Christus sein Wesen. Die schöpferische Freudekraft, entdecke sie in dir!

Vielleicht liegt sie noch in Windeln gewickelt in der Krippe deiner Seele, bandagiert und eingebunden, aber aus ihr soll der kommen, der in dir Herr ist. – Jesus, Freudenmeister!

In dir ist Freudefähigkeit. Du weißt es, du spürst »die Empfindung der Vollständigkeit, den Lebenszunder« (Peter Handke).

Froh und frei sich zu begegnen, diese Empfindung hast du geschmeckt, und du empfindest das lichterlohe Bewußtsein. Ja, diesen Augenblick will ich nie mehr vergessen. Fortan gleichst du einem Film, der belichtet und entwickelt wird durch die Erinnerung (Max Frisch). Und dabei wird Wasser zu Wein, mitten in den natürlichen Handgriffen, in den alltäglichen Gefäßen. Du spürst dich mit dem, was du nicht bist, verbunden, nah und ganz. Du teilst Mangel und Fülle mit. Du gehst nicht mehr schattengleich durch Menschen und leere Räume. Du siehst dich verschwistert mit Gott und der Welt.

Du besorgst dem bedürftigen Bräutigam den Anzug, weil du dir vorstellen kannst, an seiner Statt zu gehen. Du streichelst den Altgewordenen, weil du dann auch einmal noch gemocht sein willst.

Du widerstehst dem Unrechttuenden, weil du es als gut empfunden hast, daß einer dich zurechtwies, als du Unrecht tatest.

Der Christus in dir wird dich lehren. Zwei Hände hast du: Pflicht und Liebe. Du wirst sie besser gebrauchen und die Welt umarmen und beackern im Schweiße deines Angesichts. Du wirst beten und kämpfen und heulen und schreien und scherzen.

Du, kein abgeschlagener Zweig am Baum des Lebens! Du bist zur Freude fähig, und du bist noch viel Freude schuldig. Du bist doch noch erst im Werden. Das Spiel ist noch lange nicht aus.

Sag nicht, du bist wie du bist. Das mag für Steine gelten. Du aber bist noch von Gott im Spiel gehalten.

Doch wieviel Anschnauzer mußt du als Maria, als herrischer, fürsorglicher Zuteiler noch einstecken, ehe du dich bekehren läßt. Wieviel Wunder willst du als Zensor, als Beurteiler noch verschlafen, bis du endlich aufwachst zu deinem Leben?

Wie lange schlägst du die Freude aus und bist mit einem bißchen Trost zufrieden und bleibst in grämlichem Murren befangen bis zur nächsten Ablenkung. Stell dich endlich deiner Entbehrung, krieg endlich dein großes Heulen! »Irgendwann muß uns das Entsetzen erreichen, sonst gibt es kein Weiter.« (Max Frisch)

Und dann – das bezeugen die, die durch tiefes Leid gegangen sind – ach, was heißt gegangen, die geschleppt worden sind – sie bezeugen dann am Ende des Tunnels: Die mit Tränen säen, werden mit Freuden ernten. Sie gehen hin und weinen und streuen ihre Samen und kommen mit Freuden und bringen ihre Garben (Psalm 126, 5 und 6).

Du erstehst von den Toten, fährst auf mit Flügeln wie Adler (Jesaja 40,31). – Doch so lange wir leben, gibt es gute und böse Tage. Nichts hier ist von Dauer. Auch nicht Dank und Behutsamkeit. Der Christus in uns macht uns stark wie ein Baum – und dann werden wir selbstgefällig und müssen wieder auf unser Normalmaß gestutzt werden. Ein Schlag trifft uns, und aller Hochmut blättert von uns ab. – Dann geht nach viel Dunkel der Morgenstern auf in unseren Herzen. Es betet in uns: Christus, Freudenmeister, richte mich auf.

Ach, laß dich verwandeln, laß dich ziehen in die unendliche Geschichte Gottes hin zur Freude. Und was an Freude jetzt schon gelingt, ist im Kern Vorfreude. Denn die Entbehrung gehört zum Weg.

Knechtschaft und Freiheit

Der Maler Monet wurde achtzig. Fotografen kamen aus Paris zu ihm hinaus aufs Land, und er sagte zu ihnen: »Kommen Sie im nächsten Frühjahr wieder! Dann fotografieren Sie meine Blumen im Garten, die sehen mir ähnlicher als ich.«

Diese Anekdote hilft beim Nachdenken, warum der Himmel und das Meer und der Wind so eindrücklich auf unsere Seele wirken. Es könnte da eine Verwandtschaft bestehen: Mein Inneres gleicht diesem Gemälde; Wolkenballen und strahlende Sonne, fester, feiner Sand, der weite Horizont, die Menschen in den Wellen, die hinauf und nieder geworfen werden, lustvoll, weil sie sich getragen wissen.

Wir suchen ja Bilder, die unser Inneres zeigen. Wer bin ich? Das muß ich wissen, und uns reichen nicht die Anerkennungen, die Mitmenschen uns zollen. Sie gelten oft den Rollen, die wir spielen, und dem Nutzen, den sie aus uns ziehen. Wie's drinnen aussieht – das Geflecht aus Gier und Opfermut, Dank und Verzweiflung, Selbstgefälligkeit und Selbstverachtung mit der Tendenz auf Heil und Ganzwerden hin – diese unsere Seele, worin kann sie sich spiegeln und finden? Ist sie, sind wir im Innersten geliebt und geachtet und erwünscht? Der Blumengarten von Monet ist geliebt und geachtet und erwünscht. Das Tableau von Himmel und Meer mit seiner Unruhe ist gut, ist wunderbar lebendig, ist gehalten im Ewigen.

Blumengarten oder Himmel und Meer – sehen wir ihnen ähnlich? Ja – in Gottes Augen. Er sieht mich den Gärten, dem Meer ähnlich. ER sieht uns sich ähnlich.

Fühlst du Beglückung aufsteigen in dir? Ein Hauch von: »Ja, wenn das wahr wäre!« Fühlst du dich erhoben und groß gemacht? Das sollst du unbedingt, denn du hast ja auch im Ohr die kleinmachenden Donnerworte: »Das sieht dir ja wieder ähnlich!« Wie oft hat man unser Tun zum Spiegel unseres Innersten gemacht und schloß aus den schmutzigen Fingernägeln auf böse Gedanken; und Unordnung im Heft stand für Chaos im Kopf.

Und Diebstahl und Lüge, die uns auch passierten, von denen sagte man uns, sie hätten uns ganz und gar gefressen. Darum unsere Sehnsucht nach Bildern, die das Ahnen und Hoffen und Fühlen unserer bedürftigen Seele spiegeln. Wir suchen Bilder, die uns bestärken, daß wir im Innersten nicht verwerflich und minderwertig sind, sondern gut und recht.

»Das sieht dir ähnlich!« Dieser Fluch hängt uns noch in den Ohren. Bin ich der Ungeschickte, der Untaugliche, der Häßliche, die Ungeliebte? Diese bohrenden Fragen machen mir den Bewährungsaufstieg verlockend, mit Fleiß und Gehorsam mir Anerkennung zu verschaffen. Natürlich ist Leistung nötig. Die Mitmenschen haben ein Recht darauf, daß ich meinen Anteil an der Mühe des Lebens trage. Aber wenn ich nur aus Erfolgen im Beruf oder Sport oder der körperlichen Attraktivität mein Selbstbewußtsein aufbaue, dann darf ich nicht alt werden, dann darf ich nicht Blößen zeigen, dann darf ich nicht versagen. Ich muß immer besser sein als der neben mir, und alle werden mir zu Rivalen. Mein Ich nährt sich von den Mißerfolgen anderer.

Ich weiß von meinen Schattenseiten, kenne meine Durchschnittlichkeit. Abends bin ich leer und sehne mich nach Gott, nach Geliebtsein ohne Tarif und ohne Wenn und Aber.

Ich mag meine Pflicht tun, und die Vorgesetzten oder die Gefährten – alle sind mit mir zufrieden, aber ich sehe mich klein. Ich funktioniere perfekt, ihr Wunsch ist mir Befehl, und die angepaßte Gehorsamsmaske wächst mir schon fest. Ich denke schon mit ihren Köpfen. Ich bin dann nur Hülse, zitternd, ob ich gefalle. Aber ich kann nicht vom Lob derer leben, die den Nutzen aus meinem Gehorsam ziehen. So schreie ich nach Gott, dem bedingunglos Liebenden.

Ins Kino gehen und sich für Meryl Streep oder Robert Redfort halten oder – noch verbogener – für die Helden, die sie spielen. Nach zwei Stunden sehe ich mich als Kaugummi, auf dem keiner mehr kauen will. Das Kino schließt, und ich tipple durch die Dunkelheit. Weder Leistung noch Flucht in die Träume bringen mich zu mir selbst. Die Leistungsforderung: Immer-schneller,

Immer-mehr frißt unsere Grundlagen auf. Gehorsam gepaart mit Gutgläubigkeit macht wehrlos gegen Unrecht. Die Träume, einmal verkauft an die Unterhaltungsindustrie, werden fahl. Was bleibt uns? Wem sehen wir ähnlich?

In ein Kreuzigungsbild hat er sich hineingemalt. In Jesu Antlitz hat er sein Gesicht gezeichnet. Klarer kann man die Verwandtschaft mit Jesus nicht ausdrücken. Kleine Brüder und Schwestern Jesu werden – das brächte uns ins Reine mit uns selbst. Dem Jesus seinen Gott glauben: Im Alltäglichen, im Mühseligen und Beglückenden sich in Gottes Hand wissen, als Lastträger und Genießer der Güte und Dunkelheiten Gottes; das gäbe ein Wesen, eine Würde ganz wunderbarer Qualität. Sich entgegenstemmen der Flut von Verwirrung und Schuld. Und auch feiern, wenn's gewährt ist, die schon anhebende Versöhnung, seine Schläge auffangen und die helle Freude genießen, die Lust in den Wellen, im Tanz, im Gespräch. Daß wir zerbrechlichen Seelen einander Schutzhütte Gottes sind und im Fest, wie sporadisch auch immer, zukünftige Ganzheit aufleuchten lassen – dies Gelingen ist gottvoll und macht uns gotteskarätig.

Seine wunderbare Verknüpfung von Freiheit und Liebe mir anziehen, das macht heil. Mit Paulus' Worten: »Zur Freiheit hat uns Christus befreit. So besteht nun in der Freiheit und laßt euch nicht wieder in ein knechtendes Joch spannen.« (Galater 5,1)

Nicht mein Machen und Kämpfen schaffen mir meine Würde. Die bildet mir Gott ein. Sein Siegel drückt er mir auf. Und in dir und mir passiert es wieder. Gottes Ja rief dich und mich ins Leben. Gottes Ja macht unser Innerstes aus. Du und ich, wir sind Willensakte Gottes, sind seine Schöpfungstaten. Er will uns als freie und liebende Menschen.

Die Paradiesgeschichte bildet ab, daß Gott die Schuldfähigkeit des Menschen will. Sie ist die Kehrseite der Freiheit. Mit dem Risiko, daß wir Gott ins Angesicht widerstehen oder ihn sogar ignorieren, hat er uns erkenntnisfähig gemacht. Er will uns nicht als Opportunisten, die um des Vorteils willen ihm Ehrenbezeugungen abstatten. Er will uns nicht durch Belohnung und Bestrafung gängeln. Er will uns nicht gute Werke abzwingen mit der Angst vor seinem Gericht. Er hat uns zur Freiheit berufen aus Liebe, hat uns fähig gemacht, selbständig zu existieren, gut und böse zu unterscheiden und bleibt uns väterlicher – mütterlicher Lebensgrund, wie wir auch handeln.

Die erste Kunde, die Urkunde für diesen Willensakt Gottes ist Jesus. Aber unsere Freiheit bleibt bedroht, nicht durch fremde Mächte und Gewalten, sondern durch unsere eigene Gier nach Behagen, Sicherheit und Macht. So lassen wir uns wieder knechtende Joche auflegen; lassen uns wie Ochsen einspannen vor anderer Leute Karren.

Mit Falschmeldungen aus dem Himmel legten Kirchen einst Gesetze auf, und Bruder Papst und die Zeugen Jehovas tun es heute noch. Unter der Fahne nationaler Größe wird immer noch viel Arbeit in Waffen umgegossen. Mit Versprechungen eines Waren-Paradieses hetzen wir uns gegenseitig in Überstunden und volle Termine. Knechtschaften gibt es die Fülle.

Helfen wir einander zu Jesu Freiheit. Helfen wir uns aus Verstrickung und einsamer Kälte. Weder soll gelten: »Befehl ist Befehl«, noch: »Mach, was du willst, ist mir doch egal!« Nehmen wir einander freundschaftlich wahr, staunen wir über das Anderssein des anderen. Erleben wir den Fremden nicht als Vorwurf, belegen wir seine Frage nicht erst mal mit Mißtrauen. Nehmen wir einander an, offen, verletzbar, unverwandt. Stellen wir einander Zeichen auf für Irrweg und Weg, bauen wir an der Gerechtigkeit, in der Platz ist für Schönheit und Fleiß und Altwerden und sinnvolle Mühsal.

Helfen wir einander, aus freien Stücken zu geben, was das Leben verlangt, was Gott im Lebendigen verlangt und gewährt.

Helfen wir einander aus den Eisenringen, die wir aus Angst vor Kränkung uns zugelegt haben, und hüten wir einander vor der Grausamkeit, derer wir auch fähig sind und helfen wir uns, daß wir uns und andere mit Unvollkommenheit mögen. Eben unsere Schwäche macht uns menschlich. Wenn wir »Nerven zeigen«, werden wir bedürftig. »Nobody is perfect« ist ein glanzvoller evangelischer Satz.

In Freiheit einander dienen aus Liebe (Galater 5,13) – so genesen wir an Leib und Seele. Und heilende Bilder leuchten uns auf: Dein Gesicht eingemalt ins Antlitz Jesu. Oder du, eine Sonnenblume im Garten Gottes. Oder du, geschüttelt und gewiegt auf seinen großen Wellen.

arbeiten

Gottvertrauen und Weltverantwortung

Wenn eine Zeitung nach den positiven Eigenschaften der Christen fragt, werden »geduldig«, »gutmütig«, »ehrlich«, »bescheiden« zuerst genannt. Warum aber nicht »mutig«, »denklustig«, »entschlußfreudig«, »kameradschaftlich«, »kreativ«, »fröhlich«, »verantwortungsbereit«?

Christlicher Glaube ist zuallererst Gottvertrauen. Aber können sich daraus nur die defensiven, eher zurückhaltenden, behutsamen Tugenden entfalten? Jesus sendet doch die Christen wie Schafe unter die Wölfe (Matthäus 10,16). »Gehet hin und lehret alle Völker«, spornt er an (Matthäus 28,20); sein: »Du sollst lieben« (Lukas 10,27) ist aktivierend und zupackend.

Jesus sieht die Seinen von einer ungeheuren Dynamik getrieben, Gottvertrauen könnte sie zum »Salz der Erde«, zum »Licht der Welt« (Matthäus 5,13–14) machen. Aber wir sind eher scheu, angepaßt, unauffällig, bieder, ordentlich, maßvoll. Zum Gesprächsstoff zu werden, gar zum Gespött, das gilt als unanständig.

Gottvertrauen war in unseren Breiten oft verquickt mit Gehorsam gegen die Obrigkeit. Kein Wunder, daß Könige, wenn sie auch die oberste Kirchenleitung inne hatten, Ruhe als erste Bürger- und Christenpflicht ausgaben. Hinzu tritt die Scheu, sich hervorzutun. Das übliche Gruppenverhalten ist: »Nimm dich nicht so wichtig!« Auch das Lied: »Was Gott tut, das ist wohlgetan«, hat viele Mißstände als gottgewollt hinnehmen lassen. Den Menschen wurden die Wut, die Entrüstung, der Schmerz, der Zorn ausgetrieben, als wären Gefühle, vor allem die aggressiven, eben nur böse und verachtenswert.

Aber schon das 1. Gebot, recht verstanden, schafft Platz für einen mutigen Glauben. Es ist zunächst nur Zusage: Ich bin der Herr, dein Gott. Der Schöpfer des Alls, der Schöpfer aller ist dein Gott, dir zugut, dir zur Freude, dir zum Gefallen.

Gott stattet dich aus mit Begabungen, Empfindungen, Wünschen und Gewissen. Und du bist fähig, zurechtzukommen in dieser Welt. Du brauchst keine anderen Götter. Kein Mensch, keine Sache soll dir ein und alles sein. Du sollst nicht hörig werden. Du, fürchte dich nicht, ich habe dich erlöst, ich habe dich bei deinem Namen gerufen, du bist mein, spricht Gott (Jesaja 43,2).

Und du bist gebraucht, du bist nicht zum Zeitvertreib hier. Sieh die Wunden, die Leiden, die Armut, den Mangel, sieh alles, was noch dagegen spricht, daß Gott der liebende Gott dieser Welt ist. Und dann weißt du, daß du Mitarbeiter, Gefährte, Freund, Helfer, ein Heilmittel Gottes gegen die Not bist.

Du vertraust Gott, daß sein Reich kommt. Also bist du verantwortlich, daß die Fundamente gelegt werden. Du vertraust Gott, daß er Gerechtigkeit herbeiführt. Also bist du verantwortlich, daß Unrecht weniger wird. Du vertraust Gott, daß seine Wahrheit die Welt erhellt. Also bist du verantwortlich, daß nicht Lüge sich als Wahrheit tarnt. Du vertraust Gott, daß die Liebe mehr wird, darum linderst du Lieblosigkeit, Einsamkeit, Hunger. So gehören Gottvertrauen und Verantwortung für diese Welt sehr wohl zusammen.

Jeder Baum, der nicht gute Früchte bringt, sagt Jesus, wird ins Feuer geworfen (Matthäus 7,19). Verantwortungsloses Gottvertrauen ist Selbstbetrug, ist Irrtum, ist Ausbeutung. Darum geht so viel falschgepolter Glaube zu Bruch. Mancher klagt: Immer habe ich Gott vertraut und ordentlich gelebt, ich habe doch nichts Böses getan, und warum läßt mich Gott so leiden? Dabei ist viel Leid auch Folge davon, daß ich mich mit Kraft gegen Gottes guten Willen stemme. Meine Kraft, die doch zum Kräftehaushalt Gottes gehört, enthalte ich ihm vor, wenn ich nur für mich lebe.

Gott sei Dank: unsere verqueren Einstellungen werden ja noch zum Guten genutzt. Wenn wir nur ans Nächstliegende denken und dann doch noch Sachen gelingen, die von größerem Nutzen sind, ist das doch mehr Wunder als Leistung.

Gott gibt uns Menschen, was wir brauchen, aber nicht ohne unsere Mitarbeit. Er will uns nicht als ewige Säuglinge, sondern als Kooperatoren, daß wir seine in die Natur gelegten Schätze heben, den Acker bebauen, das Zusammenleben so gestalten, daß es Freude abwirft.

Mitgegeben ist uns Vernunft, die vernimmt, was gut ist, was mehr wert ist, und Verstand, der die Mittel besorgt, zweckmäßig und kräfteschonend.

Wir lernten, unsere Hände zu verlängern in Werkzeugen, unsere Füße zu verlängern in Fahrzeugen, unsere Denkfähigkeit zu vergrößern durch »Denkzeug« – Schrift, Bücher, Computer, Datenbank, Prozeßrechner, in denen wir tausend Möglichkeiten durchspielen können.

Uns ist geradezu geboten, daß wir selig werden, glücklich, heil, indem wir das Glück und das Auskommen der anderen mit im Blick haben. »Schaffet, daß ihr selig werdet« (Philipper 2,12) kann auch übersetzt werden: »Schaffet mehr wertes Zusammenleben.« Und erarbeitet dazu Geräte, erschließt Energiequellen, baut Häuser mit familiengerechten Grundrissen, sucht solidarische Renten- und Versicherungsformen und entwickelt störungsfreie Techniken, vor allem gerechte Gesellschaftsformen, in denen Macht nicht gewalttätig benutzt wird und Versäumen korrigierbar ist. Schafft das mit Furcht und Zittern, mit letztem Ernst, in völliger Verantwortung, denn was ihr sät, werdet ihr ernten (Galater 6,7).

Christen glauben gerade nicht an einen allmächtigen Gott, der alles alleine macht, sondern an einen Liebhaber der Menschen, der mit uns sein Werk baut. »Gott ist's, der in euch ausrichtet das Wollen und Vollbringen nach seinem Wohlgefallen« (Philipper 2,12) – das heißt doch, daß in dem Gefüge des menschlichen Wollens und Planes Gott seine Kreise zieht und seine Geschichte schafft.

Unter dieser Generalklausel kann und soll ich mit Freude und Ernst meine Kraft einbringen und Verantwortung nicht scheuen. Es ist uns Vergebung zugesagt, wenn wir uns mühen. Und noch Kain fällt nicht aus der Treue Gottes, Gott gibt ihm sein Zeichen.

Weil aber die andern auch ihre Rolle zu spielen haben, muß ich ihre Verantwortung auch achten, muß andere locken, Mitverantwortung zu übernehmen und sich Mühe zu machen. Wir müssen zusammen verstehen lernen, das Gute zu suchen, das Mehr-Werte, mehr Sinnvolle, mehr Hilfreiche; müssen in Versuch und Irrtum das jeweils etwas Günstigere, also weniger Schädliche ermitteln.

Keiner ist es wert zu herrschen und anderen Meinung und Stimme abzukaufen, Würde und Lebensraum zu entziehen.

Ich werde ja verantwortlich im Rahmen meiner Kräfte. Besitz ist Anvertrautes – nicht um mich freizukaufen von Mühen ums Gute, sondern um mehr Gutes zu bewirken. Wem viel anvertraut ist, von dem wird viel erwartet, sagt Jesus (Lukas 12,48).

Darum bin ich auch verantwortlich dafür, daß mein Geld mehr bringt als nur wieder mehr Geld. Man kann viel Geld verdienen, wenn man die Schwächen der Menschen ausnutzt, ihnen kurzfristige Vorteile bietet für langfristige Verschuldung. Dann habe ich vielleicht mehr Geld erlöst, aber ich habe nicht mehr Wert geschaffen, sondern im Gegenteil, ich habe Schaden angerichtet und Friedlosigkeit bewirkt. Die eigene Entfaltung muß sozial verträglich sein. Aus dieser Verpflichtung bin ich nie entlassen, wenn ich mein Leben mit Gott verknüpft sehe.

Menschen, die für sich Gottvertrauen in Anspruch nehmen, aber nach außen knallharte Geschäftsleute und Machthaber sind, die ihren Vorteil oder ihre Umsatzzahlen über alles stellen, müssen innerlich ganz und gar zerrissene Menschen werden. Aber das hat Jesus schon vorausgesagt: »Was hülfe es dem Menschen, wenn er die ganze Welt gewönne und nähme doch Schaden an seiner Seele« (Matthäus 16,26).

Gott vertrauen und helfen, daß sein Reich kommt, das gehört zusammen. Eins ohne das andere ist nicht zu haben. Aber im Vertrauen ist uns weiter Raum eröffnet für Verantwortung. »Jeder von uns wird für sich selbst Gott Rechenschaft geben müssen und dürfen« (Römer 14,12).

So steht auch die Zeit der Verantwortung in deinen Händen, und wir könnten Lust bekommen auch an den aktiven Tugenden.

Gottes Walten in der Geschichte

Kennst du die schöne Geschichte und Gotteserfindung von Josef und seinen Brüdern? Vierzehn Kapitel im ersten Buch Mose und 1363 Seiten von Thomas Mann – am besten lies beides. In den Geschichten von Abraham, Isaak und Jakob verdichtete sich Israels Berufung, machte sich sein Auserwähltsein zum Segen für alle Völker anschaulich. In der Geschichte von Josef und seinen Brüdern verdichtet Israel seinen Glauben an die Gegenwart Gottes im geschichtlichen Geschehen. Hier ein Stück davon (zusammengetragen aus 1. Mose 37–50):

Jakob hat Josef lieber als alle seine anderen Söhne, weil er der Sohn seines Alters war und der Erstgeborene seiner geliebten Rahel, und er schenkte ihm einen bunten Rock, möglicherweise das Hochzeitskleid der geliebten, früh verstorbenen Mutter. Als nun seine Brüder sahen, daß ihn ihr Vater lieber hatte als alle seine Söhne, wurden sie ihm feind und konnten ihm kein freundliches Wort sagen. Dazu hatte Josef einmal einen Traum und sagte seinen Brüdern davon; da wurden sie ihm noch mehr feind. Denn er sprach zu ihnen: Höret doch, was mir geträumt hat: Siehe, wir banden Garben auf dem Felde, und meine Garbe richtete sich auf und stand, aber eure Garben stellten sich ringsumher und neigten sich vor meiner Garbe.

Da sprachen seine Brüder zu ihm: Willst du unser König werden und über uns herrschen? Und sie wurden ihm noch mehr feind um seines Traumes und seiner Worte willen. Als die Brüder wieder fern vom Vater die Herden hüteten, sahen sie Josef kommen, und sie machten einen Anschlag, daß sie ihn töteten und sprachen untereinander: Seht, da kommt der Träumer. Und sie faßten ihn und warfen ihn in eine Grube, aber die war leer und kein Wasser darin. – Später kam in der Ferne eine Karawane heran, und sie zogen ihn wieder heraus und verkauften ihn für 20 Silberstücke den Ismaelitern, die nahmen ihn mit nach Ägypten. Die Brüder aber hatten Josefs Rock behalten, den tauchten sie in Ziegenblut und schickten den bunten Rock hin und ließen ihn ihrem Vater bringen und sagen: Diesen haben wir gefunden;

sieh, ob's deines Sohnes Rock sei oder nicht. Er erkannte ihn aber und sprach: Es ist meines Sohnes Rock; ein böses Tier hat ihn gefressen, ein reißendes Tier hat Josef zerrissen! Und Jakob zerriß seine Kleider und legte ein härenes Tuch um seine Lenden und trug Leid um seinen Sohn lange Zeit.

Josef aber wurde in Ägypten an des Pharaos Kämmerer verkauft und alles, was ihm sein Herr aufgab, das glückte ihm. Potifars Frau aber interessierte sich für ihn, er weigerte sich, sie spielte die Belästigte. Er wird ins Gefängnis verbannt; dort legte er zwei Mitgefangenen ihre Träume aus, dem Mundschenk und dem Leibbäcker des Pharaos, die in Ungnade gefallen waren.

Eines Tages hat der Pharao ängstigende Träume, und keiner der amtlichen Berater weiß sie zu deuten, da erinnert der inzwischen wieder an den Hof zurückgekehrte Mundschenk sich des Josefs. Er wird geholt und kann die Träume von den sieben fetten und den sieben mageren Kühen deuten, und warum die mageren die fetten auffressen. – Nach sieben guten Jahren mit reicher Ernte werden sieben magere Jahre kommen. Das fordert Vorsorge. Und Josef wird erhöht zum zweiten Mann im Staat, zum Ernährer Ägyptens und der umliegenden Länder, die alle dem Pharao tributpflichtig werden.

Der Hunger treibt dann auch die Brüder Josefs hinab nach Ägypten. Josef hält sich bedeckt und ängstigt die Brüder hart. Später gibt er sich zu erkennen »und stand kein Mensch ihm bei, als sich Josef zu erkennen gab und weinte laut«, daß es die Ägypter hörten. – Erschöpft und erweckt und beglückt ziehen die Brüder beladen mit allem Erdenklichen nach Hause und verkündigen dem Vater: Dein Sohn lebt und ist Herr über ganz Ägyptenland. Aber sein Herz blieb hart, denn er glaubte ihnen nicht. Da sagten sie ihm alle Worte Josefs, die er zu ihnen gesagt hatte. Und als er die Wagen sah, die ihm Josef gesandt hatte, um ihn zu holen, wurde der Geist Jakobs, ihres Vaters, lebendig. Und Jakob sprach: Mir ist nicht genug, daß mein Sohn Josef lebt; ich will hin und ihn sehen, ehe ich sterbe. So zieht er nach Ägypten. Hochgelobt und lebenssatt stirbt Jakob. Die Brüder Josefs aber fürchteten sich, als ihr Vater gestorben war, und sprachen: Josef könnte uns gram sein und uns alle Bosheit vergelten, die wir an ihm getan haben. Darum ließen sie ihm sagen: Dein Vater befahl vor seinem Tode und sprach: So sollt ihr zu Josef sagen: Vergib doch deinen Brüdern die Missetat und ihre Sünde, daß sie so übel an dir getan haben. Nun vergib doch diese Missetat uns, den Dienern Gottes deines Vaters! Aber Josef weinte, als sie solches zu ihm sagten. Und seine Brüder gingen hin und fielen vor ihm nieder und sprachen: Siehe, wir sind deine Knechte. Josef aber sprach zu ihnen: »Fürchtet euch nicht! Stehe ich denn an Gottes Statt? Ihr gedachtet es böse mit mir zu machen, aber Gott gedachte es gut zu machen, um zu tun, was jetzt am Tage ist, nämlich am Leben zu erhalten ein großes Volk. So fürchtet euch nun nicht; ich will euch und eure Kinder versorgen.« Und er tröstete sie und redete freundlich mit ihnen.

Dreitausend Jahre alt ist diese Geschichte, eine aufgeklärte, nüchterne Story, wie das Leben sie schreibt. Und wenn nicht fünf-, sechsmal eingesprengt wäre, daß Gott auf Josefs Seite war, könnte man meinen, es sei ein Stück objektiver Historie.

Die Geschichte ist darum so wichtig, weil sie die Gegenwart Gottes in der Geschichte bezeugt – ohne Blitz und Donner, ohne übernatürliche Wunder und Sprache Gottes vom Himmel. Im natürlichen Lauf der Dinge ist Gott als Betreiber zugange – ganz nah an der Realität. Seine Medien sind nicht Erdbeben, Sintflut und Blitze, sondern hörende Menschen. Gottes Medien sind die Menschen, vor allem die, die sich geführt glauben, sich beauftragt sehen, die sich gefallen lassen die Zufälle als das ihnen Bestimmte.

Josef sieht sich in einem weitgespannten Zusammenhang, und er glaubt sich als geliebt und gebraucht von Gott für Hochwichtiges. Was ihm geschieht, sieht er als Herausforderung an, als Frage, auf die er antworten soll mit seinem Leben. Alles Geschehen ist ihm wie ein Kreuzworträtsel, wo er die Lücke ausfüllen soll, damit guter Zusammenhang entstehen kann.

Auch das Negative: Baumaterial für Zukunft

Immer ist er Antenne für Empfang und Sendung. Er sieht sich in Dienst genommen. Negatives sieht er nicht als Kündigung seines Auftrages, sondern als Warteschleife, als Zeit zum Reifen. Dort in der Grube, von allen verlassen, von seinen Brüdern zum Tode verurteilt, rechnet er mit Rettung. Er überlegt wohl, warum er dort einsitzt und mag auf seinen Hochmut gestoßen sein. So nimmt er diese Einschließung nicht als sinnlose Strafe, sondern als Training für Einsicht. Er kommt geläutert heraus. Er widersteht den Verlockungen, die ihn vom großen Ziel abbringen. Er kommt dafür ins Gefängnis. Aber er sieht sich darin nicht aufgegeben von Gott. Er glaubt das Verhängnis als Lehrzeit, bis seine Zeit gekommen ist und nutzt seine Eingebung zum Guten für viele: Wohlstand wird gehen, Not wird kommen. Er fragt nicht warum. Er denkt voraus. Und sorgt vor für die Not, er federt die Unbilden ab, die er nicht verhindern kann. Er minimiert Unglück, er wird Elend lindern. Er sieht sich als Mitarbeiter eines Gottes, mit dem man nicht über die Bedingungen verhandeln kann, der aber verborgen in den Ungereimtheiten, in den Tragödien und Beglückungen wirkt. Er sieht sich als Helfer eines übermächtig dunklen Gewaltigen, mit dem er nicht rechtet und grantelt. Er überläßt es den Philosophen zu fragen: Warum? Er achtet Gott als Setzer der Bedingungen dieses Lebens und will diesen Bedingungen Gelingen abgewinnen. Ja, er hält die Bedingungen für sehr gut. Nicht so, daß die Bedingungen ideal und perfekt seien, sondern das Vorhandene ist sehr gut für Weiteres, für Entwicklung und Wachstum und Einsicht und Gemeinschaft und Lernen.

Josef hadert auch nicht mit Gott über die Bosheit der Brüder, ficht nicht gegen die Willkür der Herrschenden. Er nimmt seinen Spielraum wahr. Josef sieht das Leben nicht als Inszenierung zu seinen Gunsten, sondern er sieht sich als Inszenierung zugunsten des Ganzen und hat wie nebenbei dann auch Freude und Spaß und schöne Häuser. Soll er in Sack und Asche gehen, wenn er viele ernährt? Er hält sich auch selber daran: »Man soll dem Ochsen, der da drischt, das Maul nicht verbinden« (5. Mose 25,4). Aber er sieht nicht das Leben als großes Warenhaus, aus dem er sich bedient, egal, was sonst wird. Er sieht sich als Inszenierung Gottes, als guten Einfall des Höchsten zugunsten des Ganzen und gewinnt auf diese Weise Raum und Macht, das Leben zu fördern. Man muß sich Josef als glücklichen Menschen vorstellen.

Josef spielt nicht mit der Macht

Wie er mit den Brüdern umgeht, ist bezeichnend. Sie haben ihn schändlich behandelt. Er läßt sie das spüren. Wie er ihnen früher einmal ausgeliefert war, so hat er sie jetzt in der Hand. Aber damit läßt er es bewenden. Die Brüder aber trauen ihm nicht, kein Wunder, sie hatten Mord geplant. Und das, wozu man sich selbst für fähig hält, erwartet man auch von den anderen.

Darum ist ja so viel Mißtrauen in der Welt, weil man sich selbst so viel Übles zutraut; ja, Mißtrauen ist die angemessene Strafe für das, was wir dem anderen an den Hals wünschen, auch wenn wir aus vielen Gründen es nicht in die Tat umsetzen. »Womit jemand sündigt, damit wird er auch geplagt« (Weisheit 11,16).

Daß die Brüder dem Josef nicht trauen, ist also kein Wunder. Und als Vater Jakob, die Autorität über allen, tot ist, fürchten sie die große Abrechnung und berufen sich auf eine testamentarische Verfügung des Vaters. Aber Josef spielt nicht mit der Macht, die ihm eingeräumt ist. »Ihr gedachtet, es böse mit mir zu machen, aber Gott nutzte eure Bosheit und Blindheit, Gutes zu betreiben. Und er redete freundlich mit ihnen« (1. Mose 50,20), so schließt die Bibel dies Kapitel.

Im Innersten glauben wir ja auch an einen Zusammenhang der Geschehnisse, nicht nur an Ursache und Wirkung, daß eins aus dem anderen folgt. Wir glauben, daß ein Sinnstiftendes alles betreibt. Wir scheuen vielleicht das Wort »Gott«, haben auch die Grundgeschichten der Bibel nur noch schemenhaft im Kopf. Doch im Kern glauben wir, daß unser Leben geführt sei. Nur ein Beispiel: wie sorgfältig erinnern wir die Schritte beim Zustandekommen einer prägenden Freundschaft, einer Ehe – hätte ich den Hut nicht vergessen; hätte mich der andere nicht sitzen lassen; hätte sie nicht um Sonnencreme gebeten. Auch wenn wir statt Schicksal Zufall sagen, schwingt das Zufallende mit. »Der Zufall ist für die meisten, die sonst nicht glauben können, die einzige Art von Wunder, dem sie sich unterwerfen« (Max Frisch). Wir vertrauen, daß uns nur erreicht, was uns bestimmt ist, nur was uns angeht. Noch einmal Max Frisch: »Am Ende ist es immer das Fälligste, was uns zufällt.« Ein jeder fragt, wenn er etwas durchlebt und erlitten hat, oder wenn er etwas geschenkt bekommen hat, nach dem Sinn. Wir setzen also sinnvollen Zusammenhang voraus. Wir stellen den in Rechnung, der das Leben in immer neue Muster schüttelt. Wir ahnen, wir erhoffen den, dessen Größe noch das Böse umfaßt und es endlich verdaut. Wir wagen, noch Kinder in die Welt zu rufen – doch im Vertrauen, daß sie mit unserer Hilfe, und auch trotz unserer Versäumnisse gut geführt werden. Wir wagen zu glauben, daß der Hintergrund der Welt gütevoll, geistvoll, liebevoll ist – und darum das Böse letztlich klein beigeben muß.

Wir glauben, daß Gott uns liebt und braucht – für mehr als die Bewässerung der Kakteen auf der Fensterbank und der Fütterung unserer Haustiere. Wir sollten höher von uns denken. Zuviel hat Gott in uns investiert.

Gern wären wir Josef

Wären wir nicht alle gerne Josef, der Ernährer, der Helfer, der Deuter der Träume, der gute Berater? Wir loben die Toten in Nachrufen für Eigenschaften, die wir alle gerne hätten. Wir alle wollen nötig sein und hilfreich, aber lassen uns – anders als Josef – zu oft den Mut abkaufen und fühlen uns nicht genügend beachtet und flüchten ins Private und klagen Gott an oder stellvertretend die Gesellschaft, die Kirche oder die Ehefrau, nur um nicht zuständig zu sein, und rächen uns so für Versäumtes.

Aber was Josef konnte, können wir auch. Bemächtigen wir uns seiner Geschichte. Wie doch in Notlagen eine rettende Erinnerung aufblitzt! Josef träumt nicht von Gott pur, in reiner Anschauung. Er sucht nicht Versenkung und Abkehr von der Welt, sondern Josef läßt sich von Gott finden vor Ort. Da im Gewühl, in der Pflicht, im Verhängnis, im Problem, da im Detail steckt Gott – manchmal auch sein Schatten, teufelsfratzig.

Gott ist da, vermummt im Geschehen als unzähmbarer Treiber aus der Vergangenheit in die Zukunft. Gott zeitigt, hebt ins Geschehen. Und das hat Jesus bis ins Extrem, bis ans Kreuz geglaubt: Nichts kann mich scheiden von der Liebe Gottes – die oft tief verborgen nur als Hoffnungsstreifen noch da ist.

Dem Jesus nach sieh dich als Teil einer ins Licht gezogenen Welt. Such nicht die Helle, such nicht Gott pur. Such dich in erhellter Welt und versuche, daß es durch dich freundlicher wird auf dieser bedrohten Erde. Durch Angst geschüttelt – wunderbar geborgen; von Sünden eingeholt, von Vergebung zehrend! Gott gehört, der irrt und irreführt (Hiob 12,16).

Du verfällst für ihn nicht, auch wenn du selbst den Weg allen Fleisches gehst. Und du brauchst dich nicht zu rächen. Halt, wenn du kannst, auch deine andere Wange hin. Manche müssen Bosheit verströmen – und du kannst mühelos freundlich sein, so oft, du Begnadeter! Wehe, du gibst deine Güte nicht aus.

Warum noch so viel Böses, Verletzendes geschieht – heb dir diese Frage auf für später. Jetzt hilf mit deinem Zupacken, deinem stellvertretenden Lieben und Leiden. Tu deinen Mund auf für die Stummen und dein Herz für die Einsamen und dein Portemonnaie für die Armen. Zeit ist Gottes Atem, du, ein Atemzug Gottes.

Abschied vom Weltuntergang

Die Nachrichten sind voller Schreckensmeldungen. Wir scheinen einer Katastrophe globalen Ausmaßes entgegenzugehen; Fachleute sagen, wir sind unumkehrbar schon darin verstrickt. Auschwitz und Hiroshima, Seveso und Bopal und Tschernobyl – Ortsnamen für Schuld und Versagen. Sahel und Äthiopien, São Paulo und Kalkutta stehen für Hunger und Verelendung, Harlem für verwüstete Seelen, Heroin und Alkohol – Chiffren für Selbstzerstörung. Aids und Krebs – Kennworte des Verhängnisses. Waldsterben und verseuchtes Trinkwasser sind Fanale für den irrsinnigen Umgang mit der Natur. Südafrika und Chile stehen für die gnadenlose Behandlung von Menschen durch Menschen.

Kein Wunder, daß Zeitgenossen die täglichen Nachrichten einfach nicht mehr zur Kenntnis nehmen und bei der Tagesschau umschalten auf Unterhaltung. Wer will es ihnen verwehren, wenn sie sagen: »Lieber abschalten als irrsinnig werden.«

Andererseits: Es werden Kinder geboren und mit Hingabe erzogen

Es werden Blumen gebunden und Gedichte gedacht, Bilder in den Sand geritzt, bevor die Welle sie wegschwemmt. Menschen spielen Skat oder gehen Tanzen oder verbinden einen Verletzten. Brücken werden konstruiert, Häuser gebaut, Menschen gehen spazieren, laden Freunde zum Essen ein, feiern Gottesdienst.

Katastrophen und Glück stehen hart nebeneinander. Beides ist real: Weltuntergangsansagen und Zuversicht. Die Welt ist ein Schlachthaus – und ein Haus der Freude.

Es ist zum Irrewerden oder zum Frommwerden

Ich wundere mich, daß nicht mehr Menschen Amok laufen oder sich aufhängen. Ich wundere mich nicht, daß viele einfach dadurch überleben, daß sie alle Gedanken auf ein Ziel konzentrieren: Ob sie Geld sammeln oder Umarmungen oder Ruhm oder Briefmarken oder Firmen oder Wissen – sie haben einen Sinn, für den sie da sind, wie fadenscheinig der auch sein mag. Sie ersehnen den nächsten Tag, weil sie das Ihre weiter vermehren können. Die Faszination, mit der sie auf das noch Fehlende starren, diese einsame Monomanie, mit der sie jagen und raffen und Verlusten vorbauen – noch ein Zaun, noch eine Beziehung, noch ein Geheim-Konto, noch eine Beschwörung –, diese Fixierung auf ihr Ein und Alles grenzt an den Irrsinn, ganz nahe.

Fast zu jeder Zeit war »letzte« und »höchste« Zeit. Zu keiner Zeit waren Kinder willkommen, ganz ohne Sorge. Zu keiner Zeit waren Gedichte nicht auch der Verzweiflung abgerungen. Christlicher Lebensmut war immer ein »Dennoch«, eine in den Alltag vertiefte, hartnäckige Lebensbereitschaft.

»Guten Morgen, liebe Sorgen, seid ihr auch schon wieder da«, könnte auch ein Kirchenlied sein. Mühe und Freude sind zusammengebacken, oder wie es Psalm 90 so unnachahmlich sagt: »Und wenn es köstlich gewesen ist, so ist es doch Mühe und Arbeit gewesen.« Diese panikresistente Frömmigkeit, hautnah an der Realität, nimmt das Geschehen als Außenseite Gottes und weiß sich an diese rauhe Schale angeschmiegt.

Wie man fromm bleiben kann in unerträglichen Schmerzen, in gellender Trauer, in leidverwahrlostem Leben, das weiß ich nicht zu sagen. Ich weiß nur, daß es andere ein Stück weit leben: Ein alter Mann, der mir nahe stand, mit Krebs und künstlichem Darmausgang – wir hatten darüber gesprochen, warum er unbedingt Karfreitag in die Kirche gehen wollte –, sagte: »Wenn ich an den Heiland denke, was er ausgehalten hat und das freiwillig, dann kann ich mein Kreuz auch noch eine Weile tragen« – und das ist kein Rat, es ist ein Zeugnis. Ich werde es auch noch brauchen.

Ja, es gibt Grenzen, an denen das Frommsein uns verloren geht. »Herr, führe uns nicht in Versuchung« – nicht an diese Grenze, wo wir uns ausgestoßen sehen. Ausgestoßen – auf alten Landkarten war das unerforschte Gebiet beschriftet mit: Dort wohnen die Drachen.

Fromm werden, das könnte so aussehen, daß ich mich zum

guten, ganzen Gott gehören sehe. In einer unwirtlichen Wirklichkeit letztlich nicht in der Fremde. Von guten Mächten wunderbar geborgen, zuweilen, oft selbstvergessen das Zweckmäßige tuend, und dann doch mich flöten hören und staunen, daß es in mir gut zurecht kommt. Fromm werden hat mit Einfalt zu tun, mit einer dankbaren Seele, die noch über einer Scheibe Brot oder einen jauchzenden Säugling auf der anderen Straßenseite in Freudentränen ausbrechen kann. Aber zum Frommwerden gehört auch das Hungern und Dürsten nach Gerechtigkeit.

Zum Frommwerden gehört die Sehnsucht nach der großen Wandlung

»Die große Wandlung«, so heißt die Überschrift zu Jesaja 29,17–24, eine Vision von der heilwerdenden Welt; wohl ausgesprochen vor 2600 Jahren, als Jerusalem in Trümmern lag, zwischen den Großmächten Ägypten und Assyrien zermalmt. Ob die alte Verheißung uns noch gilt? Ich glaube: Ja, einfach weil sie noch nicht eingelöst ist. Aber der Einlöser, der Wandler der Zeiten und der Verhältnisse ist noch am Werk.

Wohlan, es ist noch eine kleine Weile, so soll der Libanon fruchtbares Land werden und Garten in Fülle. Und die Tauben werden hören die Worte des Buches, und die Augen der Blinden werden aus Dunkel und Finsternis sehen; und die Elenden werden wieder Freude haben an dem Herrn, und die Ärmsten unter den Menschen werden fröhlich sein in dem Heiligen Israels. Es wird ein Ende haben mit den Tyrannen und mit den Spöttern aus sein, und es werden vertilgt werden alle, die darauf aus sind, Unheil anzurichten, welche die Leute schuldig sprechen vor Gericht und stellen dem nach, der sie zurechtweist und beugen durch Lügen das Recht des Unschuldigen. Der Herr spricht zum Hause Jakob: Jakob soll nicht mehr beschämt dastehen, und sein Antlitz soll nicht mehr erblassen. Denn wenn sie sehen werden die Werke meiner Hände – die Kinder – in ihrer Mitte, werden sie meinen Namen heiligen; sie werden den Heiligen Jakobs heiligen und den Gott Israels achten. Und die, welche irren in ihrem Geist, werden Verstand annehmen, und die, welche murren, werden sich belehren lassen.

Gott, der Gebärer, der Hervorbringer der Zukunft, hat sein Reich noch in Arbeit. Die Frommen, die in dieser Gewißheit sich bergen, wissen nicht, warum der Weg so lang ist, warum so viele Leiden noch gelitten werden müssen. Sie schlagen die Erklärungsversuche aus. Etwa den: Eben muß noch diese Katastrophe, dieses Leid ertragen sein, dann sind wir über den Berg, im Himmel auf Erden oder wo. So die Apokalypse des Johannes, und ihr nach die Zeugen Jehovas. Aber die Frommen schlagen auch die Konstruktion einer Fortschrittsgeschichte aus, als würde das Reich Gottes Schritt für Schritt heranwachsen und alles langsam immer besser werden.

Die Zeit hat uns und nicht wir sie

Beides, Verfall oder Fortschritt wahrzunehmen, ist uns nicht vergönnt. Das setzt eine Vogelperspektive voraus, eine Beobachtung und Zensierung der Geschichte aus dem Überblick. Aber diese erhöhte Übersicht steht uns nicht zu. Wir leben in der Zeit, und die Zeit hat uns und nicht wir sie. Doch die Zeit ist Gottes Atem. Darum ist sie voller Verheißung, inklusive Fortschritt und Katastrophen. Als Ziel ist verheißen: Gott die Ehre, Frieden auf Erden, den Menschen ein Wohlgefallen aneinander (Lukas 2,14). Und die Verheißung des Jesaja bildet Ausschnitte ab von dieser Zukunft: Gott bringt die Zukunft, und sie wird voll Heil sein.

Wir Betroffenen

Aber das soll ich nicht hören als einer, der im Wartesaal sitzt und auf die gute Zukunft wartet. Ich soll es hören als Betroffener, an dem sich die Verheißung in Gelingen umsetzt oder auch als Betroffener, der das Gelingen verzögert. Das war doch oft der Fehler der Christenheit und ist es noch, das Kommen des Reiches Gottes vom Balkon einer ganz passablen Gegenwart ziemlich lau zu erwarten, als Veranstaltung Gottes, bei der ich nur Zuschauer bin. Aber damit sind wir doch die Verhinderer dessen, was wir angeblich erbitten. Luther sagt zur Erklärung der zweiten Bitte des Vaterunser: Das Reich Gottes kommt wohl auch ohne unser Gebet von selbst, aber wir bitten in diesem Gebet, daß es auch zu uns komme.

Ich muß die Verheißung persönlich anziehen: Wir der Libanon, wir der Wald, wir der Garten, wir die Tauben, die das Wort des Buches hören. Du, ich, ein Baum, ein Stück Garten der Liebe Gottes: »Mach in mir deinem Geiste Raum, daß ich dir werd ein guter Baum und laß mich Wurzeln treiben. Verleihe, daß zu deinem Ruhm ich deines Gartens schöne Blum und Pflanze möge bleiben (EKG 371,14). – Du, glaub dich als Heilmittel, als nützlich, als gut fürs Leben. Nimm Abschied von der Selbstverachtung, sie ist nicht gerecht.

Ich, du, wir Tauben werden hören die Worte, die Verheißung, die Gebote. Wir werden sie inhalieren als Lebensatem. Wir werden Zuversicht und weises Mitgefühl an den Tag legen.

Ich, du, wir Blinden werden aus Dunkel und Finsternis in das Licht geführt. Uns werden nicht mehr Greuel, nicht mehr Unterhaltung die Sicht nehmen. Weit ist der Horizont, den Er vor uns aufspannt: Wir sehen, was ist und eilen zu Hilfe und genießen das schon Gewährte, je nach Kraft und Zeit. Aber wir lassen uns nicht mehr den Blick trüben, Augenwischerei hat ein Ende. Die Elenden werden wieder Freude haben an dem Herrn.

Wie du Elenden Freude machen kannst, weißt du. Bist du selbst elend dran, nimm Hoffnung aus Erinnerung: Du wirst wieder Freude haben am Herrn, denn du warst elend dran und hast erlebt, daß Freude wiederkehrte. Produzier dein Elend aber auch nicht selbst. Berate dich mit Wissenden! So viele andere kennst du, deren Elend hausgemacht ist, und dein Elend?

Fröhlich sein werden die Ärmsten, auch weil du teilgibst, teilnimmst. Es wird ein Ende haben mit den Tyrannen. Weil du dich entgiften läßt von der Angst vor Schwäche, mußt du nicht mehr tyrannisch sein. Aus Angst vor Schwäche, aus Angst vor dem Tod sammeln wir Macht. Aber die Fittesten heute sind nicht mehr die Harten, nicht mehr die mit den Rasierklingen an den Ellbogen, nicht mehr die Saurier des Kampfes ums Überleben. Die Fittesten sind die Weisen, die dem anderen mit zu seinem Recht verhelfen und so Streit unnötig machen. Du wirst nicht mehr spotten, weil du in jedem die Würde Gottes durchscheinen siehst. Darum denunziere sie nicht. Und die Hetzer werden geheilt.

Du, Jakob, du, Mensch, sollst nicht mehr beschämt dastehen, sollst nicht mehr erblassen müssen. Es ist nichts Böses an dir, das dich von Gott wegschleudern könnte, außer deinem falschen Glauben, du seist verworfen! »Sieh die Kinder«, sagt Gott, »die Werke meiner Hände.« Jedes Kind eine neue Verheißung, ein neues Projekt der Liebe! Sieh ihm in die Augen, und du schaust Gott ins Antlitz. Die, welche irren in ihrem Geist, werden Verstand annehmen; die murren, werden sich belehren lassen – und du als erster!

Wir die Angeln, in denen das Tor zur Zukunft aufgestoßen wird

Sicher sagt diese Verheißung das Weltgeschick an und nicht nur die Wende in dir und mir. Aber, wenn Luther erklärt: »Ich glaube, daß mich Gott geschaffen hat samt allen Kreaturen«, dann stehen du und ich als Dreh- und Angelpunkt: Ich glaube, daß mich Gott verwandelt, samt allen Kreaturen. Auch im Reich des Geistigen gilt das Gesetz der dauernden Veränderung: Weniges kann den Wandel des Ganzen einleiten. Ein, zwei, zwanzig Schneeflocken, geballt, können zum Kern der Lawine werden. Ein erlösendes Wort klärt den ganzen Streit auf und bringt die Kontrahenten in Richtung Frieden. Als unter Hitler auch in Dänemark die Juden aussortiert werden sollten zur Ermordung, heftete der dänische König sich selbst den Judenstern an, und das Herausbrechen der Menschen jüdischen Glaubens gelang nicht.

Du und ich, mit uns beginnt jetzt schon die große Wandlung. Die Absage an den Weltuntergang, sie muß von dir ausgehen. Du tust Schritte auf dem Weg des Friedens. Und wirst dich, wenn's gut geht, erkennen als einen Knoten, als ein Knötchen im Netz, mit dem Gott die Geschichte in die Zukunft schleppt.

Glanz und Elend technischen Könnens

»Es ist dir gesagt, Mensch, was gut ist und was der Herr von dir fordert: Nämlich Gottes Wort halten und Liebe üben und demütig sein vor deinem Gott« (Micha 6,8). Wenn das der Maßstab ist, was ist dann vom technischen Können des Menschen zu halten?

Am 28.1.1986 passierte das Challenger-Unglück. 90 Sekunden nach dem Start zerriß eine Explosion die Raumfähre. Sieben Menschen, die eben noch lachend eingestiegen waren, verbrannten zu Staub. Den Millionen an den Bildschirmen stockte das Blut in den Adern. Und die zum Jubeln gekommen waren, denen war das Entsetzen ins Gesicht gezeichnet. Dies Unglück kränkte unseren Optimismus in die Technik, aber es wird die Faszination des Menschen gegenüber seinen Kunstprodukten nicht erschüttern. Der Untergang der »Titanic« hat den Schiffbau nicht beendet und Tschernobyl nicht die Nutzung der Atomkraft. Wir sind wohl besessen von technischem Eifer. Die Lust, es uns leichter zu machen, treibt uns in weitere Erfindungen.

Ohne Autos geht nichts mehr

Wenn die Raumfahrt die spektakulärste technische Leistung unserer Zeit ist, dann ist das Auto das technische Instrument, das unser aller Leben am meisten verändert hat. Als Gottfried Daimler und Karl Benz ihre Motorräder und Droschken mit dem Otto-Motor zum erstenmal wirklich über längere Distanz in Bewegung brachten, da begann eine Revolutionierung unserer gesamten Lebensgewohnheiten. Auseinandergerückt sind Wohnort und Arbeitsort und Vergnügungsort. Durch das Auto leben wir mobil, unsere Reichweite, unser Lebensraum hat sich enorm geweitet. Heute kommt auf jeden zweiten Bundesbürger ein Auto. Und jeder fünfte Beschäftigte ist direkt oder indirekt in der Autobranche tätig. Kurz: das Auto hat nicht nur unseren Lebensrhythmus verändert; wir sind auch wirtschaftlich von ihm abhängig geworden.

Auf den ersten Blick – gottfern

Gemessen an dem Prophetenwort: »Es ist dir gesagt, Mensch, was gut ist, nämlich: Gottvertrauen, Liebe, Demut«, gemessen an diesen ewigen Werten scheint das technische Mühen des Menschen gottfern und eigensüchtig. In die Raumfahrt stecken wir, letztlich zu militärischen Zwecken und zur Steigerung nationalen Prestiges, Milliardensummen. Und jede Mark, die in die Raumfahrt gesteckt wird, fehlt dann für den Kampf gegen die Armut in der Welt.

Ähnlich ist es mit dem Auto. Für den Benutzer ist das Auto eine Freude. Aber für die anderen ist mein Auto eine Bedrohung, jedenfalls eine Störung. Pro Auto brauchen wir in der Bundesrepublik drei Parkplätze: einen zu Hause, einen am Arbeitsplatz und einen noch da, wo wir unsere Freizeit verbringen. Die Asphaltschneisen haben die Städte und Dörfer zerteilt, die Verkehrsströme, die verbinden sollen, trennen die Menschen. Und vor allem: 7000 Menschen sterben durch Verkehrsunfälle und 400000 werden pro Jahr verletzt. Naturschändung und Rohstoffvergeudung färben das Bild noch düsterer. Einer hat mal gesagt: »Wir brauchen autogerechte Kinder, weil wir nicht willens oder imstande sind, kindgerecht Auto zu fahren.« Auf den ersten Blick erscheinen Auto und Raumfahrt eher unter dem Kapitel Sündenfall als unter dem der guten Taten.

Die andere Seite

Aber unser Wissensdrang und unser technisches Vermögen stehen auch in Verbindung zu Gott. Die Neugier, die Wißbegier sind doch in uns Menschen gepflanzt. Das Abenteuer neuer Erfahrung ist dem Menschen geradezu aufgegeben. Erinnert sei an die Geschichte aus dem Paradies: »Und der Mensch sah, daß von dem Baume gut zu essen wäre und daß er verlockend anzusehen wäre, weil er klug machte. Und der Mensch nahm die Frucht.« (1. Mose 3,6)

Das Klugwerden ist, auch wenn andere die Bibel anders auslegen, dem Menschen doch auferlegt und zugemutet. Unser naturwissenschaftliches Erkenntnisvermögen ist eine unserer Begabungen. Und Erkenntnis wird menschlichen Wünschen nutzbar gemacht in Form von Technik.

Raumfahrt

Wir Menschen träumen davon, loszukommen von der Erdenschwere: »Über den Wolken muß die Freiheit doch grenzenlos sein.« Der Traum des Menschen zu fliegen ist im Grunde der Traum, hin zu Gott zu fliegen. Vor Augen steht unendliche Ferne und Leere und lebensfeindliche Kälte. Der Mensch wagt sich in diesen feindlichen Raum, weil er glaubt, auch dort noch geborgen zu sein. Nicht von der Partei, wie der russische Astronaut Juri Gagarin es gesagt hat: »Die Partei wacht über mich.« Sondern von technischem Wissen gestärkt, ist letztlich ein Vertrauen in uns, daß wir noch im Weltraum Heimat haben, weil wir in Gottes Hand sind. Als die drei amerikanischen Astronauten auf ihrem ersten Mondflug aus der Bibel vorlasen, wollten sie wohl dieses Gottvertrauen sich und anderen zeigen. Immerhin ist es denkbar, daß die Sehnsucht des Menschen nach Weite eine verkappte Sehnsucht danach ist, bei Gott zu sein, auch draußen, jenseits der sicheren Räume. Vielleicht treibt diese Sehnsucht auch die Bergsteiger auf die Gletscher.

Die Raumfahrt führt uns auch eine Erkenntnis vor Augen, die wir mathematisch schon lange haben. Seit Kopernikus wissen wir, daß die Erde um die Sonne kreist, aber wir sehen es immer noch anders. Wir sehen die Sonne auf- und untergehen und unsere Erde als eine Feste. Unsere Generation hat zum erstenmal gesehen, wie es wirklich ist: die Erde als Kugel im freien Raum schwebend, eine Hälfte von der Sonne abgewandt, im Dunkeln liegend. Die Bilder im Fernsehen, an denen man sich nicht sattsehen kann, sie zeigen: die Erde ist nichts Festgegründetes, sondern sie ist im Freien gehalten, »von guten Mächten wunderbar geborgen«.

Und die Kostbarkeit dieser gehaltenen Kugel im Weltall, sie geht uns erst auf, wenn wir die Erde verlassen haben. Darum müßten Dichter mitfliegen und nicht nur Techniker, die kaum noch Sprache haben für das Wunder. Aber auch sie erzählen, wie die Köstlichkeit dieser Erde einem aufgeht aus der Ferne; wenn man auf dem Mond in Staub und Felsgestein steht, wie man sich dann sehnt nach dem »blauen Planeten«.

Erst von außen betrachtet leuchtet uns die Erde als gemeinsame Heimat auf. Das ist ein Armutszeugnis, ähnlich der Mitteilung eines amerikanischen Präsidenten an den Kremlchef: »Wenn aus dem Weltraum Feinde kämen, dann würden wir sofort zusammenhalten wie eine Familie.« Durch die Raumfahrt könnte ein neues Zusammengehörigkeitsgefühl in der Menschheit aufkeimen. Vielleicht brauchen wir diesen Umweg: Von weit her sehen wir die Erde und nicht unsere Nation als unsere Heimat.

Auch das Auto bietet gute Möglichkeiten

Per Auto überwinden wir Entfernungen leicht und können uns leichter austauschen, können einander mehr nützen. Die Versorgung mit Nahrung und Gütern ist ohne Auto undenkbar geworden. Dem Hunger in der Dritten Welt kann ohne Transporter gar nicht begegnet werden. Ein Auto erweitert den Freiheitsraum des Menschen. Auch hat man immer ein kleines Stück Zuhause bei sich. Und Notarzt, Polizei und Feuerwehr sind schnell zur Stelle. Außerdem: Wieviel Freude ist mit dem Autofahren auch verbunden: die Freude an vorbeifliegender Landschaft und das Stillen von Fernweh. Weil Gott uns Freiheitslust und Freude an Verbundenheit mitgegeben hat, mußte wohl, nachdem wir unsere Kenntnisse jahrtausendelang angehäuft haben, das Auto irgendwann erfunden werden, weil Bedarf danach besteht.

Also zwei Seiten: Licht und Schatten

Daß die naturwissenschaftliche Erkenntnis und ihre Nutzanwendung zwei Seiten hat, kann man allenthalben ablesen. Auf der einen Seite werden mittels Medizin und Hygiene Seuchen bekämpft. Unser Leben wird verlängert, und weniger Kinder sterben früh. Auf der anderen Seite: die Bevölkerungsexplosion.

Unter Einsatz von Technik in Industrie und Haushalt: mehr

Waren durch Massenproduktion, Erleichterung der Arbeit. Die Schattenseite: mehr freie Zeit, die viele Menschen nur als Langeweile erleben und mit sinnlosem Konsumieren ausfüllen. Und die neue Datentechnik: Viele Informationen sind schnell zur Hand. Die Kehrseite: Mißbrauch der Informationen, der »gläserne Mensch«, der einem allwissend sein wollenden Staat ausgeliefert ist. Und die Gen-Technik: Möglichkeit, Schäden im Erbgut zu korrigieren; andererseits die Horrorvision, künftig Menschen züchten zu können.

Machtaufbau oder Leidabbau

Wißbegier und technisches Können sind im Menschen angelegt. Die Natur verstehen, ihre Gesetze kennenlernen und Nutzen daraus ziehen, das ist Menschenpflicht. Wir lernten das Feuer zu zähmen, das Wasser zu regulieren, erfanden das Rad und Kornsorten mit vierfachem Ertrag. Die Physiker fahnden nach den Bausteinen des Seins. Unser Verstand hat Triumphe gefeiert.

Um so wichtiger wird unsere Vernunft. Vermessen wir das, was wir wissen und können, noch nach dem Maßstab von gut und böse? Je mehr wir können, um so gebieterischer meldet sich die Frage, ob wir dürfen, was wir können.

Zwei Muster bieten sich unserer vernehmenden Vernunft an:

a) Der Turmbau zu Babel (1. Mose 11). Er mußte scheitern, weil ihre Erbauer sich einen Namen machen wollten zu Lasten der anderen. Verstand kann genutzt werden, um Im-Weg-Stehende zu unterwerfen oder auszurotten.

b) Den Verstand sollen wir nutzen, damit die noch nicht ans Licht getretenen Werke Gottes offenbar werden. Diese Zielangabe macht Jesus. Gefragt, warum der Blindgeborene dieses Leid habe, ob durch eigene oder elterliche Schuld, sagt Jesus (Johannes 9,3–4): »Es hat weder dieser gesündigt noch seine Eltern, sondern es sollen die Werke Gottes offenbar werden an ihm. Wir müssen die Werke Gottes wirken.« Wenn wir diesen Auftrag vernehmen, gibt die Vernunft dem Verstand die Vorgabe: Bahne den Weg, daß Leid weniger wird und Freude wächst.

Langsam entdecken wir: »Der Schlaf der Vernunft gebiert

Ungeheuer« (Francisco de Goya). Wenn die Vernunft fürs Ganze blind wird, hackt der detailbesessene, scharfsichtige Verstand uns die Augen aus. Wo Umsatz höchstes Ziel ist, kommt es nicht auf heilende Wirkung eines Medikamentes an, sondern auf dessen Verkäuflichkeit.

Wo alles verkehrsgünstig gelegen sein soll, muß auch das letzte Dorf Autobahnanschluß haben. Wo die Sicherheit einer Nation höchstes Ziel ist, muß diese ihren Turm von Babel weiterbauen, bis sie selbst unter Opfern zur Vernunft kommt und »das Ganze« wieder in den Blick gerät.

Können wir noch innehalten? Sollte es so sein, daß wir nur unter Schlägen lernfähig werden für das Ganze? Wir Deutschen mußten von unserem Nationalismus durch totale Kapitulation erlöst werden. Werden wir zur Barmherzigkeit gegen die Hungernden uns erst bequemen, wenn eins der Hungerländer uns per Atombombe zum Teilen zwingt? Können wir noch einsichtig werden?

Als vor 150 Jahren in den USA die Eisenbahn durch den Wilden Westen gelegt wurde, bat man auch einen großen Häuptling der Indianer, den Zug zu besteigen. Er sagte: »Der Zug ist mir zu schnell, da kommt meine Seele nicht nach.«

Es ist wohl so, daß bei so viel Wissenschaft und Technik unsere Seele nicht nachgekommen ist. Wir müssen wieder und anders lernen, was das heißt: »Es ist dir gesagt, Mensch, was gut ist und was Gott von dir will: Nämlich ihm vertrauen und Liebe üben und demütig werden.«

Arbeit und Gerechtigkeit

Der Philosoph Arthur Schopenhauer sagte einmal: »Besser sitzen als stehen, besser liegen als sitzen, besser schlafen als liegen, besser tot sein als schlafen!« – Einer, der so vernichtend vom Leben denkt, wie geringschätzig müßte der von der Arbeit denken?

Genau dem entgegen steht das Wort aus dem 1. Schöpfungsbericht (1. Mose 1,27): »Gott schuf den Menschen, ihm zum Bilde, zum Bilde Gottes schuf er ihn als Mann und Frau und sprach: Macht euch die Erde untertan.« Und aus dem 2. Schöpfungsbericht die Ergänzung: »Er gab ihnen den Auftrag, den Garten zu bebauen und zu bewahren.« (1. Mose 2,15)

Auch beim Thema »Arbeit« kommt's auf meinen Glauben an, mit dem ich, von dem her ich die Sache beurteile. Glaube ich, daß menschliches Leben eine Plage ist, dann ist Arbeit nur Steigerung der Plage, nämlich Plackerei.

Glaube ich aber an einen schaffenden Willen, einen Schöpfer, Erhalter, einen Heiler der Welt, der mich will zu seinem Bild, dann werde ich gerne arbeiten, eben als sein Mitstreiter. Ich sehe mich aufgefordert am Kosmos, an Gottes Schmuck und Werk mitzuwirken.

Oft nicht auf der Höhe

Zugegeben, manchmal bin ich auch wie versteinert, Füße und Gedanken wie Blei; ich will einfach nur dasein dürfen wie ein Stein, von der Sonne beschienen. Das mal träumen und leben, gehört zu uns Menschen. Dann der Wunsch, nur Pflanze zu sein – nichts müssen, nichts wollen, bewußtlos schlafen –, auch das gehört zu uns. Manchmal bin ich wie ein Tier, funktioniere automatisch, trotte durch die Gegend. Ich bin beschäftigt, es läuft wie von selbst, ohne Denken. Ganze Tage, manchmal auch Wochen und Monate können wir so zubringen bei nur ganz schwacher geistiger Beleuchtung. Das Leben auch so noch hinbringen zu können, auch das gehört zur gnädigen, guten

Ausstattung des Menschen. Aber – ganz auf der Höhe, ganz Mensch, ganz bei mir bin ich, wenn Arbeit, wenn ein Werk gelingt.

Die Glücksaugenblicke des Lebens

Bei Liebe, Versöhnung, Genesung, wieviel Arbeit, wieviel Mühe, wieviel Hoffnung und Bangen waren mit dabei. Ohne Mühe war kaum ein Glück. Selbst wenn mir die Freude in den Schoß fiel, hatte Gott jedenfalls viel Arbeit gehabt.

Das Glück der Welt geht uns auf, wenn schwere Arbeit gelang. Die Geburt eines Kindes; die Genugtuung, endlich stehen zu können – wie oft waren wir vorher umgefallen. Das Glück, endlich Fahrrad fahren zu können, die Schule bestanden zu haben, vielleicht den Gesellenbrief, den Meisterbrief, die erste Bilanz mit schwarzen Zahlen nach der Durststrecke der Anfangsjahre als Selbständiger; einen gerettet zu haben, ein Richtfest feiern. Fast alle Glückserfahrungen gingen doch mit Mühe und Arbeit einher.

Begnadet zu arbeiten

Für Erich Fromm gehört Liebe und Arbeit sogar zusammen: »Man liebt nur, worum man sich gerne müht.« Und umgekehrt: »Worum wir uns gerne mühen, das lieben wir.« In dieser Verknüpfung steckt doch ein Stück Ähnlichkeit zwischen Gott und Mensch: daß wir der Liebe und Mühe, der freigewählten Mühe fähig sind, daß wir so gebaut sind, so erfunden und gewollt, daß wir ein Werk tun können – vom Kuchenbacken angefangen bis zum Suchen nach dem Impfstoff gegen Aids. Du und ich, wir sind gesetzt, Geschichten mit zu bewirken. Da sollten wir nicht zuerst an die Feldherren und Tyrannen der Erde denken, die haben die Geschichte doch mehr aufgehalten als sie vorwärtsgetrieben. Aber denken wir doch an die Arbeiter, die das siebentorige Theben bauten, an die Mütter, die ihre Kinder liebevoller erzogen, als sie selbst es erfahren haben, und an die, die ihre Mitarbeiter beteiligen an der Firma. Und denken wir an die Menschen, die ehrenamtlich so viel Zeit in das gemeinsame Wohl stecken.

Wenn Arbeit vergeblich ist

Daß wir arbeiten dürfen, nicht automatisch es müssen wie die Termiten, daß wir mit eigener Hand- und Kopfarbeit unser Auskommen besorgen können, ist herrlich. Wie herrlich, das merken wir oft erst, wenn wir das nicht mehr können, wenn unsere Arbeit vergeblich war oder wir sie ganz verlieren. Die trostlosen Gesichter derer, die ihr Feld bestellen, und die Heuschrecken vernichten die Arbeit oder der Regen bleibt aus; die Trostlosigkeit, wenn Arbeit auf dem Feld nicht mehr lohnt oder das Stahlwerk schließt und meine Arbeitskraft nicht mehr gefragt ist. Jeder zehnte kann nicht mehr ins Berufsleben vermittelt werden. Ja, hier verhungert keiner, aber zum Almosenempfänger gemacht zu werden, das tut weh. Auch wegen der schmählich geringen Zuwendung, zuallererst aber, weil mir die Gesellschaft mitteilt: Dich brauchen wir nicht, aber wir schleppen dich mit. Dafür sei wenigstens dankbar und verhalte dich ruhig.

Arbeit teilen

Der Auftrag, macht euch die Erde untertan, war nicht gedacht im Sinne von Ausbeutung, das geht klar aus der Parallelstelle hervor, die das Bebauen und Bewahren uns aufgibt. Dieser Auftrag, »nutzt die Erde«, »ordnet die Verhältnisse euch zugut«, ergeht an alle Menschen. Und wenn wir schon Lohn und Erfolg an Leistung knüpfen, die Summe des Ertrages aber feststeht, und es auch keinen Sinn hat, mehr und mehr zu produzieren, dann müssen die, die Arbeit haben, diese Arbeit mit den anderen, die sie verloren haben, teilen. Aber die einen sagen: »Für die gleiche Arbeit weniger Lohn, dann können wir mehr einstellen.« Die anderen sagen: »Für gleichen Lohn weniger Arbeit, damit wir mehr Arbeitsplätze einrichten können für andere.« Und beide, die Arbeitgeber, die so reden, und die Arbeitnehmer, die so reden, denken nur an sich, denken von ihrem Besitzstand her.

Wenn wir mal nicht mehr eng, sondern gottvoll nachdenken, wenn wir, was ist, sinnvoll aufeinander beziehen, dann werden wir lernen, die Arbeit, den Gewinn und die Freizeit gerechter zu teilen. Tun wir das nicht und halten fest am Egoismus der Gruppen- und Einzelinteressen, dann werden die, die auf der Schattenseite des Lebens stehen, rebellieren. Über die Apartheid in Südafrika beschweren wir uns zu Recht, aber wir richten mitten in Deutschland selbst ein Zweiklassen-System auf. Die Gedemütigten hier wie dort werden kämpfen. Die Obdachlosen werden sich Quartier nehmen in den Burgen der Zivilisation. Die Punks inmitten der Städte, sie sind nur ein Wetterleuchten am Horizont. Und was für unser Land gilt, gilt auch im Weltmaßstab. Martin Luther sagte einmal: »Was wir heute nicht um Christi willen tun, wird uns morgen mit Wucherzinsen abgefordert.« Wir Besitzenden zahlen unser Festhalten schon jetzt mit viel Angst.

Gott zuarbeiten

Was uns wichtig ist, das bestimmt unser Denken. »Wo dein Schatz ist, ist auch dein Herz«, sagt Jesus (Matthäus 6,21). Wenn ich mich im Zusammenhang mit Gott glaube, dann ist mir sein Ganzes wichtig, dann ist mein Herz beschäftigt mit diesem Zusammengehören alles Lebendigen; ich widme mich diesem Verbundensein der Menschen und der ganzen Kreatur. Das kann sehr bescheiden aussehen. Du brauchst nicht die ganze Menschheit beglücken. Aber für einige Menschen mitarbeiten, das knüpft das Lebensnetz, welches uns trägt.

Jede Arbeit ist ihren Lohn wert

Wenn wir mit Gott denken, dann kommen wir dabei selbst nicht zu kurz. Paulus sagte: »Wer pflügt, soll auf Hoffnung pflügen, daß er seinen Teil empfangen wird« (1. Korinther 9,10).

Haben wir es nicht erlebt, wenn wir etwas Gutes getan haben – es kam doch zurück – irgendwie, irgendwoher. Jesus sagt es noch viel drastischer (Matthäus 6,26): »Sorget nicht. Sehet die Vögel unter dem Himmel! Sie säen nicht, sie sammeln nicht in Scheunen, und euer himmlischer Vater ernährt sie doch – seid ihr nicht mehr als die Vögel.«

Die Vögel arbeiten auch. Sie arbeiten den ganzen Tag, sie picken, sie scharren und spähen, sie zwitschern und bauen Nester, atzen wie am Schnürchen. Sie sorgen sich nicht um Saat und Ernte, und trotzdem gelingt nicht ohne ihr Zutun ihre Erhaltung. Sie tun das Ihre. Was ist das Unsere?

Wir sollen Säen und Ernten bedenken. Wir sollen den Zusammenhalt der Dinge besorgen im Rahmen unserer Einsicht. Auch meine Selbsterhaltung ist mir aufgegeben, aber mit Blick auf die Erhaltung auch des Nächsten. Jesus verlangt nicht, alles zu verschenken. Noch nicht einmal die Geschichte vom reichen Jüngling (Matthäus 19,16) lautet so. Da fragte ja der junge Herr: »Was muß ich tun, um ins Himmelreich zu kommen?« Und Jesus sagt: »Halte die Gebote.« Da antwortet er: »Das habe ich alles getan, das habe ich schon längst hinter mir.« Und darauf sagt Jesus: »Wenn du vollkommen sein willst, dann gib alles aus an die Armen.«

Den Zusammenhalt sollen wir besorgen. Dafür haben wir die Begabungen, Geschick, Lernfähigkeit, vielleicht auch Kapital. Nicht was wir haben, sondern wozu wir es benutzen, entscheidet über Segen und Fluch. Auch Armut kann gierig machen, auch Reichtum kann gegen Armut eingesetzt werden. »Was nicht aus dem Glauben, aus dem Zusammenhang mit Gott kommt, ist Sünde« (Römer 14,23). Das klarste Wort zum Thema aber heißt: Arbeite und schaffe das nötige Gut, damit du dem Bedürftigen abgeben kannst (Epheser 4,28).

Das ist doch das Glanzvollste am Arbeiten, daß ich habe, um etwas abzugeben. Wir sollen die Sachen besorgen, die Dinge beschicken, aber nicht uns zersorgen. All dies Zersorgen aus selbstgemachtem Streß, aus Habsucht, Gier, aus Sicherheitsdenken ist unser unwürdig. Wenn wir uns einreden, einreden lassen, daß es ohne Auto, ohne Computer für die Kleinen, ohne Rauchen, Fitness-Center, Fernreisen, ohne mindestens 20 Versicherungen pro Kopf kein Leben sei, dann hetzen wir uns gegenseitig in Not. Aber wir haben noch die Wahl.

Wir können noch lernen, uns zu bescheiden. Wir haben noch die Freiheit, mit weniger auszukommen. Wir müssen nicht für uns nehmen, was wir kriegen können. Sicher muß sich Leistung lohnen. Aber ist das Geld immer ein sicherer Gradmesser, daß wir uns wirklich nützlich gemacht haben? Der weise Hiob beschreibt ein Berufsbild, wie es bei keinem Arbeitsamt angepriesen wird und doch das Glück besorgt: »Ich war des Blinden Auge und des Lahmen Fuß, ein Vater der Armen, und der Sache des Fremden nahm ich mich an« (Hiob 29,15).

Daß du andere froh machen kannst, ihnen zu Arbeit, zu Wohnung, zu Recht verhelfen kannst, verschafft dir etwas, was sich nicht in Geldwert ausdrücken läßt, ein Empfinden von Gutsein, das wunderbar ist. Der Hunger nach diesem unbezahlbaren Gutsein kommt wohl davon, daß wir doch nach Gottes Bild geschaffen sind und erst friedvoll werden, wenn etwas von seinem Großmut durch uns hindurchschimmert.

spielen

Zeit zu spielen

Augenblicke höchsten Glücks sind mir mit dem Spiel verbunden. Mein Vater spielte gern mit uns drei Kindern, während Mutter strickend daneben saß: Mensch-ärgere-dich-nicht, Rommé, Skat, Billard, Monopoly, Federball; ganze Nachmittage, Abende lang. Dazu die Jungenspiele: Fußball auf der Straße und der wiederkehrende Streit mit dem Nachbarn um den Ball im Vorgarten; die Geländespiele bei den Pfadfindern. Auch die Rollen im Schultheater – und die heimlichen Spiele. Später dann, und immer noch, das Zartsein mit dem liebenden, geliebten Menschen. Und mit Vertrauten lange Gespräche voll Ernst und Freude und Schach mit Männern. Und das Jauchzen beim Blinde-Kuh-Spielen mit den eigenen Kindern. Und das »Lobe den Herrn« eines 80jährigen, den ich im Krankenhaus besuchte und der wußte, daß seine Zeit ablief und dennoch sagte: »Ich will nach Hause und ein gutes Bier trinken und die Fußballweltmeisterschaft noch sehen.«

In der Bibel kaum Zeit für Spielen

Eigenartig: in der Bibel kommt das Spielen so gut wie gar nicht vor. Einmal, beim Tanz ums Goldene Kalb, rückt es in verdächtige Umgebung: Sie brachten Opfer. Dann setzte sich das Volk, um zu essen und zu trinken, und sie standen auf zu spielen (2. Mose 32,6). Da ist Spielen in die Nähe von Chaos und Orgie gebracht. Im Stier wurde ja die eigene blinde Zeugungskraft verherrlicht. Israel brandmarkte die Religionen ringsum als heidnisch, weil da des Menschen eigene Kraft ohne Zuordnung zu Gott entfaltet wurde.

Aber daß das Spiel damit in eins gesetzt wurde, ist wohl nicht richtig verstanden, wo man doch (Psalm 104,26) von Gott selbst sagte, er habe die großen Fische gemacht, um mit ihnen zu spielen. Leider war auch Paulus kein Freund des Spielens.

Der große Heilige und Eilige der Christenheit (kauft die Zeit aus, es ist böse Zeit, Kolosser 4,5) nahm Tanzen und Spielen als

Kennzeichen für Götzendienst (1. Korinther 10,7). Dabei war Tanzen im Alten Testament noch Bestandteil des Gottesdienstes. Der Tanz des David um die Bundeslade wird mehrmals notiert. Ansonsten kennt die Bibel nur geordnetes Spiel auf Harfe und Gitarre. Ein Juwel des Spielens, vielleicht das innigste literarische Zeugnis, ist das Hohelied Salomons. 117 Strophen lang wird das Spiel der Liebe von Sulamit und ihrem Geliebten besungen. In die Bibel geriet dieser Text wohl, weil er von früh an auch als Bild von Gottes Liebe zu den Menschen gedeutet wurde.

Jesus schafft Raum für Spielen

In der Bibel ist die Geschichte Gottes mit seiner Welt, seinen Menschen beschrieben. Und die ist ernst. Da geht es um Leben und Tod, Schuld und Vergebung, Lieben und Hassen und Leid und Erlösung.

Da in der Bibel wird der Mensch bei seiner Wurzel angepackt: Unser Ganzwerden in Gott und unser Zerrissensein vor Angst ist das Thema. Da ist nicht viel Platz für Ausruhen und Feiern und Spielen, jedenfalls nicht für ausführliche Schilderungen.

Und doch wird Gott schon im Alten Testament auch erlebt als Befreier, als Freudenspender: Du stellst meine Füße auf weiten Raum (Psalm 31,9); Du bereitest mir einen Tisch im Angesicht meiner Feinde (Psalm 23,5); Du weckst lauten Jubel. Du machst groß die Freude, wie man sich freut in der Ernte, wie man fröhlich ist, wenn man Beute austeilt (Jesaja 9,2).

Jesus schreitet dann den Freiraum aus und gibt ihm eine neue Dimension. Sorget nicht! Euer himmlischer Vater weiß, was ihr braucht. Tut das Nötige, aber zersorgt euch nicht (Matthäus 6,25 ff.). Und Paulus sagt's theoretisch durchdacht: »Zur Freiheit hat uns Christus befreit. Laßt euch nicht mehr vom knechtenden Joch gefangennehmen« (Galater 5,1).

Jesus bettet uns ein in Gottvertrauen. Der im Boot auf stürmischer See schlafende Jesus ist dafür ein starkes Bild. Dies Gottvertrauen legt ein anderes Bild nahe: Du, ich, eine von Gott geworfene Kugel in seinem Spiel. Wir können nicht aus seinem Spiel fallen.

Wohl wahr: Erst wenn wir das Leben nicht für ein Spiel halten, nicht für einen Jahrmarkt (Weisheit 15,12), erst wenn wir die Verantwortung wahrnehmen, Gut und Böse zu scheiden, erst da unterscheiden wir uns vom Hund in der Sonne. Aber als Menschen mit Gottvertrauen dürfen wir auch feiern und fröhlich sein und spielen, dann und wann. Uns ist auch Zeit gelassen für zweckfreies Tun. Auch für Kurzweil vor dem Fernseher; auch für das Dösen und In-die-Wolken-Blinzeln vor einem aufgewühlten Meer.

Wir sind mit einem Überschuß an Lebensenergie ausgestattet, die sich nicht mit Machen und Kämpfen, Sorgen, Arbeiten und Wieder-Fit-Machen zufrieden gibt. Wir sind mit einer Sehnsucht nach Festlichkeit und Glanz und Überschwang ausgestattet. Schon in der Natur spiegelt sich üppige Fülle: die Schneekristalle, jedes ein Original; die Blumenpracht; die endlos variierten Gesichter; die Daumenabdrücke – jeder ein Muster für sich. Wieviel Schönheit im Trällern der Vögel. »Auch die Lerche singt mehr, als Darwin erlaubt«, sagt Buytendijk und meint damit: Trällerte die Lerche nur zur Revierabgrenzung, reichte ein Warnton. Die Symphonien, die sie jubelt, sind Überschuß über das Notwendige weit hinaus, sind Spiel, Luxus, Freude.

Der Mensch darf Lust haben an mehr als dem Notwendigen. Ja, gerade inbrünstig tun wir das überflüssige, sobald ein klein bißchen Spielraum gelassen ist. Nicht in der Katastrophe; nicht, wenn die Wehen einsetzen; nicht, wenn es höchste Zeit ist. Auch nicht in einer völlig pflichtlosen Kindheit. Aber im mühevollen Leben, wenn ein Stück Freizeit und Wohlstand gewährt ist, gelingt Kunst, gelingen Gedichte, Gemälde, Schlösser, Kathedralen und das Olympia-Stadion in München, das Opernhaus in Sidney, und Väter bauen kunstvolle Drachen.

Auch haben wir Lust an leckeren Speisen, die weit mehr sind als Nahrungsmittel; Lust dazu, uns zu schmücken, festlich zu kleiden. Wir durchwandern Eiswüsten, fahren allein mit dem Segelboot über die Meere. Weitspringen – so was Nutzloses; Bergsteigen, wo Bergbahnen schon überall hinführen; 42,8 Kilometer Marathon – kein Tier käme auf die Idee, so was zu machen. Aber die Lust am Spiel, am Spannenden, die Lust, bis zur Erschöpfung sich auszugeben an etwas; sich zeigen, sich bewähren, diese Lust ist uns von Gott beigelegt. »Kunstvoll bereitet« (EKG 234) sind wir; daß wir kunstvoll Materie behandeln, ist ein dankbares Echo.

22 Männer jagen einem Ball nach

Fußball ist ein starkes Symbol für Gemeinschaft, nicht zu vergessen auch für Gegnerschaft. Ob man mit den Beinen oder mit den Augen mitspielt, hier wird mehr Leidenschaft und Ekstase erfahren als im eigenen Triebleben. Hier ächzt und jubelt ein gemeinsamer Körper, wie er durch Abendmahl und Gebet kaum so intensiv erfahrbar ist.

Das Fußballspiel ist unmittelbar übersetzbar in mein eigenes Leben. Hier kann man den Ernst des Lebens spielen: Wir alle wünschen uns, zu siegen und als Verlierer noch gute Figur zu machen. Wir suchen die Mannschaft, die uns braucht, wir suchen den Gefährten, der einspringt, wenn ich falle. Wir wollen unseren Kasten, unser Haus sauber halten. Wir wollen, daß Schurken bestraft werden. Wir sehen, wie Schicksal zusammengesetzt ist aus Leistung und Gnade und Glück. Wir können das alles verstehen, was passiert.

Und die Körper sind ehrlich. Sie können nicht lügen, wohl täuschen, das gehört zum Spiel. Fußball ist so etwas wie Frieden spielen, ein Stück Frieden erspielen. Wohl bleibt man Gegner, aber nicht voll Haß. Aggression muß nicht überwältigen. Beherrschung ist lernbar. Getretenwerden und doch nicht zurücktreten. Und die Versöhnung mit den Siegern: Die einen schlüpfen in die Hemden der anderen. Kein Hohn, kein Gejohle, keine Beschämung, letztlich Zeichen für Solidarität.

Zeit zu Spielen, Zeit für Fußball

Im ausgegrenzten Raum, zu besonderer Spielzeit, nach festen Regeln. Und keiner kommt mitten im Spiel auf die Idee, die Regeln zu ändern. Daß wir fähig sind, uns zu verabreden, Bündnisse zu schließen, Regeln zu finden, die beiden Parteien recht sind, nicht von oben diktiert, nicht von einem befohlen, das ist schon erstaunlich. Erstaunlich auch die Rituale der Entschuldigung: zeigen, sagen, ich hab's nicht so gemeint, es tut mir leid. Fußball auch als Schule der Vergebung: dem zu Boden Gestoßenen aufhelfen. Ob es ehrlich gemeint ist, bleibt natürlich offen. Aber die Zeichen sind kostbar.

Und der Wechsel der Gefühle. Mitzittern mit meiner Mannschaft, aber auch Anerkennung für gelungene Züge der anderen. Eben noch dribbelt man mit dem Ball durch die gegnerischen Reihen, dann schon Begeisterung für den meisterlichen Torwart. Eben Jubel mit den Siegern, dann Mitleid mit den Unterlegenen.

Und beredet sein will das Leben wie das Spiel. Wir erteilen Ratschläge, lauschen den Kommentatoren, wollen immer noch einmal das Tor des Tages sehen. Die Schiedsrichterentscheidung beargwöhnen wir, die Trainer kritisieren wir. Zu wieviel Elan sind Menschen fähig, wenn sie nur ihr Gemeinsames entdecken.

Wieviel Umarmungen gelingen zwischen wildfremden Menschen. Aber bedroht ist der Freiraum, das machen die Randalierer deutlich. Wenn das Fest vorbei ist, begegnen wir wieder unserer Misere, und manche erkennen sich im sozialen Abseits. Das ist ein hartes Zeichen dafür, daß Spielen seine Zeit hat und wir immer wieder zurück müssen an Mühe und Arbeit.

Spielen ist Vorschuß

Noch ist Spielen ein Vorgriff auf den Himmel; ist nur ein Pfand für eine geschwisterliche Welt. Spielen gehört mit zum »siebten Tag«, zum Ruhen, zum Loben, zum zweckfreien Tun. In einer Welt voll Mühe, wo »ihr Arme alle Zeit unter euch habt« (Matthäus 26,11), ist der Freispruch zum Spielendürfen wunderbar. Ja, es ist uns geboten. »Singet und spielet dem Herrn in euren Herzen« (Epheser 5,19). Manchmal kann man die Füße dazu nehmen. Es soll ja mit Leib und Seele sein.

Zeit für Musik

Vor dem Mund war das Ohr, vor dem Sprechen das Lauschen und Hören. Die Töne waren vor der Sprache. Bevor wir sprechen lernten, hörten wir, bevor wir Sprache hörten, hörten wir Klänge.

Im Mutterleib das Klopfen des Herzens, das Strömen des Blutes, Geräusche von Ferne. Dann unser eigenes erstes Schreien als etwas Bestärkendes: Ich kann Klang herstellen, ich kann einwirken.

Donner, Tiergebrüll, Vogelzwitschern, Wind in den Zweigen, Muscheltöne, der Wind überm Schilf.

Eine Gottheit namens Pan haschte nach seinem Liebchen. Sie floh zum Wasser. Er griff nach ihr und hielt eine Hand voll Schilfrohr, über die der Wind strich. Seine Klage über die verlorene Liebe in diesem Instrument: Trauer und Sehnsucht fand Ausdruck in Melodie.

»Und Gott sprach: Es werde Licht« (1. Mose 1,3). Und er las es nicht ab wie ein Nachrichtensprecher, brüllte es nicht wie ein Kommandeur, sondern Gott sang, ja, Gottes Gesang schuf und schafft sich Materie. Alles Weltliche: Resonanz, Schallboden für Gottes Ideen, für Gottes Liebe.

Der Kosmos: Gottes Gesang in Gestalt. Die leeren Räume: Pausen in seiner Partitur. Die Zeiten: seine Notenlinien. Die Welt ist Klang, sagen die Upanischaden, die altindischen Weisheitsbücher.

»Heile, heile Segen, wird doch endlich gut.« Die Melodie bringt schon vor allem Sprechen die Bewahrung. Musik enthält Hoffnungen, Liebe, Heimat. »Stille Nacht«, gesungen in den Tropen, bringt Weihnachten herbei. »Kein schöner Land«, in Südamerika gesungen, bringt Deutschland, hat Deutschland bei sich. »We shall overcome« verheißt die geschwisterliche Welt und produziert sie. »All you need is love« ist die Internationale der Freundschaft, Jesu Liebesgebot inkognito.

Musik ist klingendes Gefühl: Militärmusik, Trauermusik, Tanzlieder, Gebete, Choräle, Arbeitskommandos, Protestlieder, große Sinfonien.

Vor den Worten: die Trommel, die Trompeten. Jerichos Mauern wankten vor dem Schall (Josua 6). Vor der Predigt: der rhythmisch wiederkehrende Singsang z. B. von Mirjam (2. Mose 15,20ff.): »Da nahm Mirjam, die Prophetin, Aarons Schwester, eine Pauke in die Hand, und alle Frauen folgten ihr nach mit Pauken im Reigen: Und Mirjam sang ihnen vor: Laßt uns dem Herrn singen, denn er hat eine herrliche Tat getan, Roß und Mann hat er ins Meer gestürzt. Gott ist meine Stärke und mein Lobgesang.«

Besser, es singt in uns. Mitten in der Arbeit, auf dem Heimweg, auf einmal werden wir gewahr: Ich singe ja, es singt ja in mir, es pfeift, es flötet.

Schläft ein Lied in allen Dingen, die da träumen fort und fort.
Und die Welt hebt an zu singen, triffst du nur das Zauberwort.
(Eichendorff)

Die Harmonie der Welt – getroffen, aufgefunden, erstellt in einem Wort, einem Klang, der eben den Zusammenhang erschließt, es kann auch eine Melodie sein, aber wichtig ist, daß das liebe Wort zur rechten Zeit die Verhältnisse zum Tanzen bringt, die Verhältnisse aufbricht, die Starre löst: die versteinerten Herzen werden lebendig, die Fronten weichen auf, Friede scheint auf.

Musik als Klangbild für Zusammenhang. Daß unsere Verhältnisse über Abgründen in der Schwebe gehalten sind, dessen versichern wir uns beim Singen, das lassen wir uns vormusizieren.

Ein Bild aus einem Film: Zwischen den Fronten in einem zerschossenen Haus ein Flügel. Ein Soldat spielt Mozart: die Maschinengewehrsalven lassen nach – verstummen dann ganz. Er spielt, und es klingt nach Frieden, und er will lange nicht enden. Danach noch bleibt es lange still. Ein Friedensraum ist gewachsen, bis dann das Morden zögernd wieder einsetzt.

Die Musik ist stark. Sie bringt den Himmel auf die Erde, aber sie ist Luft- und Lustgebilde. Verwehend, gefährdet, augenblickhaft, im Nu vorbei.

Diese intensivst gestaltete Zeit gibt unseren Seelen Nahrung: So gehören wir zusammen wie die Töne zu einer großen Melodie.

Unsere Schicksale: Passagen in Gottes Sinfonie. Du und ich: Noten, Klänge in Gottes Schöpfungslied.

Musik und Religion – zwei Seiten einer Sache

Das Dröhnen des Gongs, das Läuten der Glocken, die Silbergespinste und mächtigen Tongebäude der Orgel – das zärtliche oder klagende Lied der Flöte. Und Gemeindegesang. Musik als der klingende Segen: Eine Welt, in der eine Beethoven-Sinfonie erklingt, eine Bachpassion, diese Welt ist nicht absurd und Unsinn. Der sich daran freut, ahnt Unsterblichkeit.

Musik ist die Klangfarbe des »ganz anderen«. Musik bildet Wachstum ab. Sie will nicht definieren, sondern erleben lassen. Wer ist der Grund des Klanges? Wer ist der Schöne, die Schöne in der Schönheit der Melodie? Musik – Botschaft von der Lebendigkeit Gottes hinter den Gebilden. Kein Bildnis von Gott ist uns erlaubt, aber das Klangbild, ja. Das Vollkommene können wir, manchmal hören, nur ein Hauch, ohne Verweilen. Lieder – die Spuren von Heimkehr, Freundschaft, Bewahrung, Frieden.

Die Lieder und Melodien sind mißbrauchbar

Keine Werbebotschaft ohne einschmeichelnde Melodie. Lieder sind mißbrauchbar, ins Gegenteil zu verkehren, um die Raffgier und Aggression anzuheizen: Militärmusik, Feindgesänge, nacktes herrisches Wollen sind die stampfenden Rhythmen der Heavy Metal-Musik. Und die atonale, die neue Musik ist eine trotzige Gebärde der Ratlosigkeit. Darin auch wieder Spiegel des unbehausten, zerrissenen Menschen. Und das Gedudel, die Berieselung durch sanfteste Plätschermusik. Wie dicke Teppichböden uns die Härte wegnehmen, so polstern diese Fließbandmelodien uns ab gegen die Wirklichkeit. Eingelullt in Musikwatte erledigt man die Arbeit mit einer ganz leichten Schläfrigkeit.

Musik kann trösten, aufschrecken, wachrütteln. Musik kann loben und klagen. »Und manchmal hat ein Schlager von Klasse mehr Welt in sich als so manche Motette« (Gottfried Benn). Und nicht nur Wirklichkeit, Welt, sondern auch Gott ist in den Schlagern von Klasse anvisiert.

Nur ein kleiner Teil der Lob- und Klagelieder stehen im Gesangbuch. Nur ein kleiner Teil der Musik klingt in der Kirche am besten. Dem schwermütigen Saul ward ein David zugesellt, der ihm auf der Harfe den Gram wegspielte. Als würde ein Vorhang aufgetan, so weichen die Trauergeister. Die lösende Kraft der Musik ist als Musiktherapie ein Medikament geworden. Jede Morgenröte erscheint als Gesang des Kosmos, der uns die Angstträume wegwischt. Und wir erstehen gestärkt.

Ja, Musik hält auch im Tod

Geschichten von Beinahe-Gestorbenen: Sie fühlten sich aufgehoben in Farben und Melodien. Das Requiem von Mozart, Bachs h-moll-Messe, da erschallt es, da ist es mit Händen zu greifen: »Der Tod verschlungen in den Sieg« (1. Korinther 15,54). Nicht ewiges Verstummen ist das Ziel der Geschichte, sondern Heimkehr in die Fülle, Jubel, Tanz vor Gott, mit Gott. So feiern die Christen und andere Religionen auf ihre Weise das Leben, auch mit Sterben, als Teilhabe am ewigen Gesang zwischen Gott und seiner Kreatur.

Musik ist wohl Schimmer von Gottes Lust, Verbundenheit zu bewirken, ist die Kunst des Vorscheins vom künftigen Heilsein (Ernst Bloch). Martin Luther sagte: Die Musik ist aller Bewegung des menschlichen Herzens eine Regiererin. Nichts auf Erden ist kräftiger, die Traurigen fröhlich, die Ausgelassenen traurig, die Verzagten herzhaft, die Verwegenen bedachtsam zu machen, die Hoffärtigen zur Demut zu reizen, und Neid und Haß zu mindern als die Musik.

standhalten und sich wegsehnen

Zeit zu bleiben

Es ist doch befremdlich, vom kraftvollsten der Apostel, Paulus, mitten in der Bibel zu lesen: »Ich habe Lust, aus der Welt zu scheiden und bei Christus zu sein. Es wäre auch viel besser. Aber nötiger ist, hier zu bleiben, euch zur Förderung und zur Freude im Glauben« (Philipper 1,23).

Eine mächtige Sehnsucht zieht den Paulus von hier weg in die Fülle, zu Christus, in die Fülle Gottes. »Aber um der Gemeinde willen« ruft er sich zur Ordnung, bannt seine Lust, sich das ewige Leben zu nehmen; er verbietet sich, den mühsamen Gang durch Freude und Leid und Mühe und Arbeit vorzeitig von sich aus abzubrechen.

Für Atheisten dürfte die Frage der Selbsttötung kein Problem sein. Sie können sagen: »Mich hat keiner gefragt. Ich bin ins Leben geworfen vom Nichts. Also kann man auch gehen, wenn's beliebt.« Doch auch sie bemerken ein »Lebenwollenmüssen« (Peter Noll), eine innere Stimme, die alles Argumentieren vielfach übertönt – jedenfalls sterben auch die meisten Atheisten eines natürlichen Todes und machen von ihrer Freiheit, ihrer so gut begründeten, keinen Gebrauch. Materialisten meinen, nur Materielles sei wirklich. Sie halten die Hoffnung auf Zukunft nach dem Tod für Illusion. Und weil nichts kommt, muß man hier alles bis zum letzten Zug austrinken. In den Worten von Brecht:

»Laßt euch nicht vertrösten,
Ihr habt nicht zu viel Zeit!
Laßt Moder den Erlösten!
Das Leben ist am größten:
Es steht nicht mehr bereit.«

Eigenartig, daß dieser Dichter sich einen Zinksarg verordnete. Wollte er doch nicht so schnell zu Staub verfallen? Wollte er – der schlaue Brecht – möglicherweise doch mit komplettem Leichnam drüben ankommen?

Christen erhoffen ja Auferweckung, Heimkehr, Heil, Segen für alles Leben, der Tod nicht als das Ende, das Sterben nicht Abbruch der unendlichen Geschichte Gottes mit seiner geliebten Welt! Der Tod eher als Tür: »Heute wirst du mit mir im Paradiese sein« (Lukas 23,43), sagt Jesus dem Schächer am Kreuz. Der Abbruch der Geschichte, hier: Auftakt für ewige Gegenwart in Gott.

Der individuelle Tod und das Ende der ganzen Menschheitsgeschichte, sie beenden ja nur das Vorläufige. Paulus sieht hier nur ängstliches Harren der Kreatur, aber die Schöpfung wird frei werden von der Knechtschaft unter die Vergänglichkeit – hin zu der herrlichen Freiheit der Kinder Gottes. Denn wir wissen, daß die ganze Schöpfung bis zu diesem Augenblick mit uns seufzt und sich ängstigt. Eine Möwe, teerverschmiert, der ganze Jammer dieser Erde packt uns an. Auch wir, die wir den Geist als Erstlingsgabe haben, sehnen uns nach der Erlösung unseres Leibes, denn wir sind zwar gerettet, doch erst auf Hoffnung (Römer 8,18–24). So könnte es naheliegen, daß die Kirche den Selbstmord gnädig versteht. Aber das ist nicht der Fall.

Die Kirche war hart

Es gab Zeiten, in denen noch am Leichnam des Selbstmörders die Todesstrafe durch Erhängen vollzogen wurde. Einzig erlaubt war der Märtyrertod – also das Sterben im Dienst eines Glaubenswerkes. So wird Simon als Held des Glaubens gefeiert, weil er sein Leben gab gegen die Feinde (Richter 16,28; Hebräer 11,32).

Das Wort Jesu: »Niemand hat eine größere Liebe als der, der sein Leben gibt für seine Freunde« (Johannes 15,13) – dieses Wort ist mißbraucht worden zu verdeckten Mord- und Selbstmordaktionen, zu Kreuzzügen und Religionskriegen. Wenn wir im Fernsehen sahen, wie halbe Kinder von Ayatollahs in sogenannte Heilige Kriege geschickt wurden mit dem Versprechen, direkt in den Himmel zu kommen, dann schauderte es uns vor dieser Lebens- und Gottesverachtung. Und doch ist dieses Denken in Deutschland 1914 und 1939 sehr verbreitet gewesen, wo man gar nicht für den Himmel, sondern vergleichsweise für nationalen Tand sein Leben ließ. Die Aufbruchsstimmung, mit der unsere Großväter und Väter in die Kriege zogen, sie hatte auch viel Todessehnsucht, ja Selbstmordsehnsucht bei sich.

Saul, Judas

Selbstmord gilt in der Bibel als das logische Ende eines verworfenen Lebens. Saul, der unglückliche König, stürzt sich ins Schwert mit Hilfe eines Sterbehelfers. Und doch gilt dem Saul eine Totenklage, und König David tötet den Knappen, der der Bitte Sauls folgend, ihm den Todesstoß versetzt. Er tötet den Sterbehelfer, weil er sich an dem Gesalbten Gottes vergriffen habe (2. Samuel 1).

Also – auch der sich das Leben nahm, bleibt der Gesalbte Gottes, wenn auch in Tragik. Ähnliches ist zu ahnen für Judas, der sich, als ihm die Folgen seines Verrates aufgingen, erhängte.

Es ist wie ein Tabu, dieser Tod von eigener Hand, aus Reue, aus Verzweiflung. Johann Sebastian Bach läßt in seiner Matthäus-Passion die Arie des Judas singen: »Gebt mir meinen Jesus wieder! Seht das Geld, den Mörderlohn, wirft euch der verlorne Sohn zu den Füßen nieder!«

Eine Tragödie zwischen Gott und dem einzelnen ist jeder Selbstmord – zu schwer für menschliches Werten und Beurteilen, auch die Bibel enthält sich einer endgültigen Verdammung. Klar erkennbar ist aber diese Hauptmelodie der Bibel:

Der Herr hat's gegeben, nur der Herr kann es nehmen

Hiobs Frau rät ihrem geschundenen Mann: »Sag' Gott ab und stirb!« (Hiob 2,9) Aber Hiob bleibt im Gespräch mit Gott, bleibt am Leben.

Leben ist Gabe, ist anvertrautes Gut, im weitesten Sinne Talent, uns gewährt, uns zugemutet – und wir sollen das Beste daraus machen, Liebe nehmen, Liebe geben, Barmherzigkeit gewähren, teilen, nach Gerechtigkeit dürsten. Und ja, das Leben-wollen-Müssen ist uns ja tatsächlich einverleibt, die Ausstattung, um leben zu können, ist günstig. Ein nicht definierbarer Lebenswille treibt uns voran. Etwas kämpft in uns ums nackte

Leben. In Zeiten materieller Not gibt es kaum Selbstmorde. Arme gehen sich viel weniger ans Leben als Wohlhabende. Wo keine Zukunft mehr winkt, ist die Bedrohung klar. Aber wenn Rettung noch möglich ist, und bis zum Erweis des Gegenteils setzen wir darauf, ist der Lebenswille ungebrochen. Wer noch streben kann nach einem Dach über dem Kopf, wer noch streben kann, seiner Familie ein Stück Fleisch in den Topf zu schaffen, der weiß, wofür er lebt.

Aber wo kein Ziel mehr winkt, wo Leere herrscht, ist nur noch Verzweiflung. Wenn Menschen sich verlassen und vergessen sehen, sind sie bedroht. Vierfach häufiger gehen sich Strafgefangene ans Leben als andere. Wo Menschen hoch geehrt werden und diese dann fallen, scheint das eigene Leben entwertet. Wo Menschen sich selbst überhöhen und dann enttarnt werden, kann die Flucht in den Selbstmord als einziger Ausweg scheinen. Und junge Menschen, die noch nicht gelernt haben, daß das Leben auch Verzicht fordert, wollen bei der ersten Enttäuschung oft alles, das ganze Leben, gleich über Bord werfen.

In Ängsten – und siehe, wir leben

Jeder will sich mal davon machen, jeder hat mal dunkle Gedanken und das Gefühl, keiner will mich, keiner braucht mich, und ich bin ja doch nichts. Auch finden wir in uns mal kindische Rachegefühle: die sollen erst mal sehen, was sie an mir hatten. Dann müssen wir uns gegenseitig durchtragen, müssen uns gegenseitig behüten, daß wir nicht wegen eines Fleckens ein ganzes Glas Tinte über das Lebensheft schütten. Wir müssen uns gegenseitig das Brot des Lebens werden, Halt und Stütze, daß wir gerne hier sein wollen. Wer andern hilft, leben zu wollen, ist Engel, ist »ein Brief Christi« (2. Korinther 3,3).

Daß hier nur Jammertal wäre, diese Vorstellung ist eine Beleidigung Gottes. Da hat der Paulus zu sehr schwarz-weiß gemalt. Jesus glaubte ganz anders: Er wollte gerne leben. Zittern und Zagen kommt ihn an in Gethsemane: »Herr, lasse diesen Kelch an mir vorübergehen« (Matthäus 26,39). Das ist keine frohgemute Märtyrerstimmung, kein Hurra, jetzt geht's gottwärts.

»Das Himmelreich ist mitten unter euch im Anbruch«, sagt Jesus (Lukas 17,21) und erteilt uns den Auftrag, hier ein Stück Heimat einander zu werden, hier schon die Verknüpfung mit Gott spürbar zu machen, manchmal sogar anfaßbar im Nächsten. Ewiges Leben ragt hier schon in unsere Verhältnisse. Die Liebe deckt der Sünden Menge (Sprüche 10,12) schon jetzt.

Gott braucht dich hier

»Der dich erhält, wie es dir selber gefällt, hast du nicht dieses verspüret?« Doch, das »Lobe den Herrn« hast du oft gesungen, laut und leise. Meine Seele, vergiß nicht, was Er dir Gutes getan hat (Psalm 103,2). Das hast du dir oft zugerufen. Bei aller hier nicht in Erfüllung zu bringenden Sehnsucht: du, nutze die Zeit und stiehl dich nicht weg. Gott braucht dich hier. Darum läßt er dir ja noch Zeit. Mach nicht kurzen Prozeß. Du mußt doch noch so viel ausgeben und noch so viel annehmen; du hast noch so viel Ungelebtes, Ungewagtes. Gib alles aus. Und wenn alles ausgegeben ist, all deine Kraft ausgebrannt ist – dann stirbst du schon zur rechten Zeit, dann stirbt's sich schon von ganz allein.

Warum noch durchhalten

»Du sollst nicht töten« (2. Mose 20,13) leuchtet als menschenfreundliches Gebot unmittelbar ein. Weil ich Leben bin, das leben will inmitten von Leben, muß unsere Rivalität, unsere Herzenshärte, unser möglicher Bruderhaß begrenzt bleiben. Ich darf mich nicht erheben zum Herrn über Leben und Tod. Die körperliche und geistige Unversehrtheit des Nächsten ist mir zu bewahren aufgegeben. Jesu Geschichte vom barmherzigen Samariter (Lukas 10) hat dies in unser Bewußtsein geprägt: Nicht nur nicht töten, sondern Leid abwenden vom andern, ist Gebot. Auf diese Weichenstellung ist selbst noch das Mühen der Ärzte zurückzuführen, mit Herz-Lungen-Maschinen den Kreislauf eines Schwerstverletzten in Gang zu halten, mit ungewissem Ausgang. – Du sollst nicht töten, es ist ohne Wenn und Aber gemeint. Erschrecken müssen wir, wie Menschen sich über dies Gebot hinwegsetzen in ihren Kriegen, in Todesstrafen, in Mord aus Geldgier oder Eifersucht, bei politisch motivierten Geiselnahmen, bei Autoraserei und Alkohol am Steuer. Auch die unsäglich schmerzliche Abtreibung eines heranreifenden Menschenkindes verstößt gegen dieses Gebot.

Das 5. Gebot ist ohne Wenn und Aber auch im Blick auf mich selbst gemeint: Du sollst nicht Hand an dich legen. Aber warum nicht? Die Gründe zu formulieren, das ist so schwer, wie die Gründe für Liebe zu benennen. Alle Worte wirken matt gegen das Geschehen der Liebe und die Wucht des Lebendigen.

Jeder bekommt seine Eltern, sein Zeitalter und seine Spanne Zeit zugemessen. Meine Eltern mußten es sein, um genau mich zu entwerfen, mein Zeitalter muß es sein, wegen der mir bestimmten Aufgaben. Meine Spanne Zeit muß es sein, in der ich reifen soll, zu dem, den Gott mit mir meint.

Aber wir reifen ja gerade nicht wie Äpfel, pflanzenhaft willenlos, passiv von äußeren Einflüssen nur abhängig. Uns ist doch ein hohes Maß an Freiheit zu verantwortlicher Entscheidung eingeräumt. Paulus hat den Glauben an Gottes Fügung und die

Verpflichtung zur eigenen Verantwortung letztgültig aneinandergekettet: »Schaffet, daß ihr selig werdet mit Mühen, denn Gott ist es, der in euch ausrichtet das Wollen und Vollbringen« (Philipper 2,13).

Im Auftrag an die Menschen, die Schöpfung zu bebauen und zu bewahren (1. Mose 2,15), ist auch mitgesetzt: Geh nicht fahrlässig mit dir um. Fast zwingend sagt es Paulus: »Wißt ihr nicht, daß euer Leib ein Tempel des heiligen Geistes ist? Ihr gehört nicht euch selbst (1. Korinther 6,19). Daß auch unsere Gesundheit uns anvertraut ist, wir sie nicht verschleudern dürfen, muß wieder neu gelernt werden. Psychopharmaka und Drogen, Nikotin und Alkohol sind Raub an Gottes Ressourcen. Wir gehören uns nicht, sind uns nur geliehen.«

Alles Irdische ist zeitlich und endlich. Es ist uns als Vorspann, als Vorgeschmack aufgegeben und gewährt, als erste Rate auf vollkommene Gemeinschaft. Aber was hier und da, jetzt und in der Zukunft Bestand hat, ist die Liebe. Sie bleibt, wenn unser Wissen, Glauben, Hoffen, unser Stückwerk endet (1. Korinther 13). Solange wir noch lieben können, haben wir den Schatz schon, wenn auch nur »in irdenen Gefäßen« (2. Korinther 4,7). Wie kleinherzig und engstirnig, mit welch begrenztem Aktionsradius auch immer – solange ich Freundschaft äußern und fühlen kann, und wenn's auch nur noch zu einem Hund sein sollte –, soll ich bleiben. Mein und dein Lieben gehört zum Wärmehaushalt des Lebens.

Nicht meine, geschweige denn die Einschätzung anderer Menschen entscheidet über Wert oder Unwert meines Lebens. Was ich von mir halte, ist von Selbstgerechtigkeit oder Selbstverachtung gefärbt. Was andere von mir halten, ist durch ihre egoistischen Wünsche gefährdet. »Weil sie sich nur an sich selbst messen und mit sich selbst vergleichen, verstehen sie nichts«, sagt Paulus (2. Korinther 10,12).

Mein Lebendürfen ist nicht Belohnung für gute Arbeit und richtiges soziales Verhalten. Mag ich durch Fleiß auch Geld verdienen und durch freundliches Verhalten Freundlichkeit sammeln, so ist meine Würde doch kein eigenes Gewächs, sondern Zuschuß Gottes.

Ich soll leben, bis er ruft: »Komm wieder, Menschenkind« (Psalm 90,3). Ich darf schuldig werden und versagen und dennoch alle Morgen, jeden Tag nehmen als neue Berufung, gern zu leben und zu helfen, daß andere gern leben.

Kein Selbstmord aus Scham über eigene Schuld, wie bei Judas, ist in Jesu Sinn. Keiner ist berechtigt, die Bilanz seines Lebens selbst zu ziehen und das Urteil selbst zu fällen. Keine menschliche Verknüpfung ist so verworren, daß sie nur durch das Selbstopfer eines Menschen gelöst werden könnte. Wo starre Gesetze diesen tragischen Konflikt erzwingen, sind diese Gesetze nicht von Gott. Keiner ist es wert, einem ein und alles zu sein. So manche Selbstverachtung hängt an dieser irrsinnigen Fesselung an einen Menschen. »Manchmal denkt sie: Ich hänge mich auf – beispielsweise, wenn er sagt ›rede nicht, sondern denke‹« (Max Frisch). Der Ekel gegenüber Menschen, die einen so erniedrigen, muß sich äußern können in Wut, in Sprache, notfalls in Abschied und Trennung. Wo das nicht gelingt, wächst in uns Selbsthaß. Das Lebensvertrauen wird zersetzt von Selbstverneinung. Wir geben heimlich dem Schinder und Verächter recht: Recht hat er, mich so mit Füßen zu treten, wenn ich so still halte und noch seine Verachtung dem Alleinsein vorziehe.

Gegen die vielen sinnzehrenden Umstände und Gedanken steht wie ein Fels das Wort: »Du sollst Gott mehr gehorchen als den Menschen« (Apostelgeschichte 5,29). Ihre Einschätzung und deine eigene sind zweitrangig gegenüber dem Willen Gottes. Und der gebietet, daß ich lebe, bis ich sterben muß. Muß und nicht will!

Denn der Tod des Menschen ist nicht nur ein biologisches Verlöschen. Der uns Menschen zukommende Tod ist tragisch. Denn: »Der Stachel des Todes ist die Sünde« (1. Korinther 15,56). Wenn wir noch bei Sinnen sind, werden wir uns immer noch Zeit erbitten, wieder gut zu machen, noch zu teilen, noch um Verzeihung zu bitten. Immer sind wir nicht fertig geworden mit dem Lieben. Unsere Zeit ist immer zu kurz. Immer bleibe ich dadurch viel schuldig. Wie sollte ich es wagen, mir dieses »zu spät« zu verfügen von eigener Hand? Das Leben fährt doch so schon schnell genug dahin, als flögen wir davon (Psalm 90,10). Wann sich mein Leben nicht mehr lohnt, soll nur Gott entscheiden, nicht aber ich, geschweige denn andere. Das ist der Punkt, wo sich Mord und Selbstmord tatsächlich berühren.

Wenn wir zur Last werden

Wann sich mein Leben nicht mehr lohnt, soll nur Gott entscheiden. Deshalb weder Mord, den andere entscheiden, noch Selbstmord, den ich entscheide.

Aber ist der natürliche Lauf der Dinge Gottes Wille?

Der natürliche Tod, ist er der richtige?

Unser Wunsch, alt und lebenssatt zu sterben, einmal nicht mehr aufzuwachen, das gilt uns als natürlich. Wenn Menschen Hungers sterben, ist das auch ein natürlicher Tod, aber er ist nicht richtig. Hunger ist zwar in der Welt, aber er soll nicht bleiben. »Teile mit den Hungrigen dein Brot« (Jesaja 58,7), ist auch Jesu Auftrag. Und Jesus hat noch andere Lebenskraft ausgeteilt. Er hat Kranken zur Genesung verholfen. Auch Menschen, die sich schon aufgegeben hatten, die von anderen schon aufgegeben und für tot erklärt waren, schickte er wieder ins Leben.

Das ist kein Lobgesang auf Leben um jeden Preis, aber doch Ansporn, die Lebenszeit durch menschliche Schuld nicht zu kürzen. Positiv gesagt: Wir sind dazu da, einander die Last mitzutragen, daß nicht einer dahinfalle vor der Zeit, nur weil ihm nicht geholfen wurde.

Inzwischen hat ärztliche Kunst viel gelernt, und mittels Chemie und Technik sind so viele Krankheiten entschärft worden, daß unsere Lebenserwartung sich fast verdoppelt hat gegenüber früher. Das kann man nicht zurückdrehen. Wir sind ja verantwortlich im Rahmen unserer Fähigkeiten, und daß diese Fähigkeiten noch zunehmen, das gehört zu dem uns Verfügten, dem uns Aufgegebenen. Ob auch gut ist, was wir können, müssen wir verantwortlich bedenken.

Vielleicht wird ein Leben hier und da durch Maschinen verlängert. Aber die Ärzte haben doch auch gelernt zu unterscheiden, ob durch Einsatz aller medizinischen Möglichkeiten Zukunft noch angebahnt wird oder aber, ob nur das Sterben, nicht aber Leben verlängert wird.

Nur, im Zweifelsfall, was soll der Arzt tun?

Er muß doch bis zum Erweis des Gegenteils auf Zukunft setzen – es sei denn ein nächster Angehöriger tritt hinzu, tritt in die Verantwortung ein und hilft, daß ein Mensch zu Hause sterben kann. Nur wenn ich mit in sein Leben eintrete, es mit begleite, ich diesen Menschen liebe und ihn mir Mühe machen lasse, nur dann, wenn ich mir wünsche, daß er noch hier bleibt, nur dann kann ich von ihm her denken und auch für ihn. Und dann kann ich auch Maßnahmen verhindern, die den von ihm willkommen geheißenen Tod nicht wieder und wieder verscheucht. Aber ich muß innerlich mitzittern. Ich kann nicht von einem anderen verlangen, daß er abschalte – wenn, dann muß ich als Nächster solange bei ihm bleiben, bis ich weiß, er kann nicht mehr, kann längst nicht mehr. Was der »Tod zur rechten Zeit« ist, das läßt sich jedenfalls nicht so festlegen, daß wir fremde Hilfe einfach abschneiden. Uns Menschen ist es verfügt, daß wir nicht der Natur ausgesetzt sind wie die Tiere. Alle Menschen sind der Hilfe aller Menschen würdig und bedürftig, auch der technischen Hilfe.

Niemals darf ich mir ans Leben gehen, weil ich etwa anderen zur Last falle

Solange ich für mich sorgen kann, ist es meine Pflicht, für mich, und wenn ich kann, für andere zu sorgen. Und wenn ich das nicht mehr kann, dann muß ich für mich sorgen lassen. Recht und schlecht manchmal – vielleicht auch liebevoll –, das ist dann nicht mehr in meiner Hand. Ich bekomme Menschenfreundlichkeit von anderen – vielleicht weniger als ich gab, vielleicht mehr als ich gab. Ich will mir daran genügen lassen. Vielleicht muß ich noch viel lernen auf meine alten Tage und brauche dann wohl die Züchtigung (ein archaisches Wort für Lehrzeit unter Mühen), brauche sie, um endlich, endlich mich von meinem Dünkel zu trennen, um doch noch dankbar und geduldig zu werden.

Denen, die Gott lieben, müssen alle Dinge zum Besten dienen (Römer 8,28) – auch das Gepflegt-Werden, das Angewiesen-Sein auf tagtägliche, letztlich stündliche Hilfe. Ich will es dann als nötig für mich annehmen. Hoffentlich!

Und gnade mir Gott, wenn ich dann bestünde auf Pflege durch meine Kinder. Es könnte sein, daß sie es für sich nötig halten. Hoffentlich kann ich sie dann freisprechen von dieser Pflicht. Es gibt Menschen mit überdurchschnittlichem Talent zur Barmherzigkeit. Daß wir sie aber auch überdurchschnittlich bezahlen müssen, und daß wir uns überhaupt die Pflege der Hilfsbedürftigen mehr kosten lassen müssen, das sollte uns klar werden.

Unsere Angst vor Alten- und Pflegeheimen ist gänzlich unangemessen

Ich möchte wetten, daß die Menschen im Pflegeheim älter werden als in häuslicher Obhut. Nur wir Narren, die wir die Menschen im Pflegeheim so selten besuchen, wir werden ja zu Recht bestraft. Wir ziehen die Strafe, die Angst vor der eigenen Pflegebedürftigkeit direkt auf uns, indem wir die zu Pflegenden meiden. Wir isolieren sie aus einer wahrhaft irrsinnigen Vorstellung: Wenn ich die Abbilder meiner eigenen Zukunft von mir fernhalte, werde ich vor ihrem Schicksal gefeit sein – eine absurde Idee. Wenn dann diese irrwitzige Vorstellung zusammenbricht, und ich nicht mehr kann, dann nehme ich mir das Leben. Das ist ein schwaches Ende vom Lied, ist wohl Sünde pur.

Das Lebensgesetz vom Lastentragen

»Gestern noch auf stolzen Rossen, heute in die Brust geschossen« – durch Autounfall oder Virus. Wir müssen unsere Gebrechlichkeit annehmen! Wenn wir sie annehmen, dann geht uns als Lebensgesetz auf: Einer trage des anderen Last mit. Nicht als Hobby, nicht als liebenswürdiges Gefühl, sondern als eine Grundregel, der wir unterworfen sind. Als Kinder wurde für uns gesorgt. Wenn wir wieder klein werden an Leistung, muß wieder für uns gesorgt werden. Und zwischendurch haben wir eine Spanne Zeit, für uns und andere mitzusorgen. Wir dürfen den Gehorsam gegen dieses Gesetz nicht nur der Einsicht des Einzelnen überlassen.

Ich bin dankbar, daß ein Mindestmaß an sozialer Verantwortung per Gesetz uns abgezwungen wird. Dreißig Prozent unserer Steuern entfallen auf Dienstleistungen – und das ist noch viel zu wenig, gemessen an den Nöten.

Jeder, der mal niemandem zur Last fallen will, möge für sich überprüfen, ob dieses Vorhaben nicht einhergeht mit der Forderung, selbst nicht belästigt zu werden. »Ich will keinem zur Last fallen, mir falle bitte auch keiner zur Last.«

Aber wenn das auf dich nicht zutrifft, warum willst du dann nicht zur Last fallen, obgleich du vielen die Lasten schon mitgetragen hast? Weil du andere schonen willst? Warum willst du sie schonen? Weil du ihnen es nicht zutraust, oder weil du besser sein willst als die anderen? Laß diesen Dünkel. Wir vermehren das Unrecht nur, wenn wir uns pflegeleicht machen, uns davonstehlen.

Schwachwerden dürfen

Jeder, der von sich behauptet, er wolle niemandem zur Last fallen, lenkt die allgemeine Meinung in die Richtung, zur Last fallen gehöre sich nicht! Damit prägen wir wieder Muster vom lebensunwerten Leben, uns allen zum Fluch. In Deutschlands furchtbarer Zeit berief sich Hitler auf das Wort: »Wer nicht arbeitet, soll auch nicht essen.« (Ein Zitat aus dem auch sonst fragwürdigen, nicht von Paulus stammenden 2. Thessalonicherbrief 3,10, hier nur als Warnung vor Müßiggang gemeint.) Hitler fand genug Einverständnis, genug Helfer, um zehntausende Behinderte und altersschwache Menschen umzubringen.

»Ich will niemandem zur Last fallen«, ist die eine Seite der Medaille, deren andere heißt: »Zur Last fallen gehört sich nicht.« Wir prägen ja schon munter dieses Muster mit den Bildern von jugendlichen, adretten, kaufkraftstrotzenden älteren Herrschaften. Sollen wir nicht mehr alt werden dürfen? Müssen wir das normale Schwächer-werden verstecken? Dürfen wir nicht mehr Hilfe in Anspruch nehmen? Sollten wir nicht mehr leben dürfen, bis wir sterben müssen?

Jeder, der stirbt, bevor er sterben muß, ist eine Anklage. Hören wir die Hilferufe, auch die leisen Signale. Halten wir einander am Leben, so gut es geht.

Sterben dürfen, wenn man nicht mehr kann

Im Anhang des Alten Testaments, Buch Tobias 3,22f., sagt eine Frau namens Sara: »Das weiß ich fürwahr: Jeder, der Dir, Gott, dient, wird nach der Anfechtung gekrönt und aus der Trübsal erlöst, und nach der Lehrzeit unter Mühen findet er Gnade. Denn Du hast nicht Gefallen an unserem Verderben: Nach dem Gewitter läßt Du die Sonne wieder scheinen, und nach Klage und Weinen überschüttest Du uns mit Freuden. Dir sei Lob und Ehre in Ewigkeit.«

Nach Gewitter wieder Sonne

Das beschreibt den gnädigen Automatismus unseres normalen Lebens. Jeder kann davon ein Lied singen. In Paulus' Worten klingt das so: »Wir wissen, daß Bedrängnis Geduld bringt, Geduld aber Bewährung, Bewährung aber Hoffnung, Hoffnung läßt nicht zuschanden werden« (Römer 5,4). Innerirdisch wird dieses Auf und Ab und Auf nicht rund. »Noch am Grabe pflanzt er die Hoffnung auf« (Schiller) – dürften wir das nicht sagen, wäre das Leben wohl nur eine »Krankheit zum Tode« (Kierkegaard). Gegen die Ungewißheit sollen wir es wagen, auf Gottes Liebe zu setzen, daß diese uns nie endend einhüllt und wichtig macht.

Wir wissen zwar nicht, wie der Geist, der uns betreibt, mit uns zu tun behält, wenn die körperliche Basis für Geist, unser Gehirn, nicht mehr existiert. Und doch wagen wir zu glauben: Der Geist ist frei. Dann aber bleiben wir auch, unabhängig von unseren Gehirnfunktionen, die zerfallen, für Gottes freien Geist Gefährten und Teilnehmer seiner Güte.

»Der dir alle deine Sünden vergibt und heilet alle deine Gebrechen, der dein Leben vom Verderben erlöst und dich krönen wird mit Gnade und Barmherzigkeit« (Psalm 103,3f.) – das ist nicht innerirdisch abgeriegelt. Das ist immerwährende Bestimmung.

Mancher Mitmensch hat den langen irdischen Weg zum Leben nicht ausgehalten. Mindestens 14000 Menschen legten 1987 Hand an sich. Ihnen ist das Leben zur Qual geworden. Sie sahen sich alleingelassen oder gescheitert, wollten ihrer tödlichen Krankheit zuvorkommen oder sahen sich mit Füßen getreten in ihrer Würde, beendeten unerträgliche Schmerzen oder entzogen sich niederdrückenden Pflichten. Sie hatten sich über, waren sich ihrer so überdrüssig, daß sie sich abschaffen wollten. Böses, Lebensfeindliches hat den ansonsten so mächtigen Lebenswillen ausgehöhlt.

»Blind, in die Enge gepreßt von der entsetzlichen Not ihres Herzens, stürzt sie sich hinunter, um in einem ringsumfangenen Tod alle ihre Qualen zu ersticken«, so sagt es Goethe von einer seiner Personen.

Quälender Schmerz über lange Zeit hin kann uns so einschränken, daß wir das Schweigen der Qual schon als Erlösung ansehen. Menschen legen Hand an sich, ohne daß sie auch damit das Leben verneinen. Sie verneinen nicht das Leben, sondern nur die Umstände, in denen sie leben. Ernst Bloch, der große Hoffnungsphilosoph, sagt vom Selbstmörder: »Er hat den Willen zum besseren, wirklichen Leben nicht verneint, sondern mit paradox fortlaufender Lebensbejahung hat er nur die Bedingungen verneint, unter denen ihm dieses Leben jetzt geworden ist.«

Der Selbstmord ist manchem der einzig ihm noch mögliche Ausdruck seines wahren Selbst (Alice Miller), wenn auch auf Kosten des Lebens.

Sieht ein Mensch sich von fremder Willkür eingezwängt wie in einen Schraubstock, hat ihn ein Seelenkrebs gepackt, hat er Leben so satt, weil er keine Möglichkeit mehr für Veränderung sieht, dann kann sich ihm der Selbstmord als einziger Ausweg aufdrängen. »Ja, welch ein Trost, daß man nicht leben muß« (Christa Wolf).

Ein Dreißigjähriger erwartete vor der aufgeschlagenen Bibel seinen Tod, durch Schlafmittel herbeigeholt. Mit Psalm 139 ist er gestorben: »Wohin soll ich gehen vor Deinem Geist, wohin soll ich fliehen vor Deinem Angesicht? Führe ich gen Himmel, so bist Du da, bettete ich mich bei den Toten, so bist Du auch da, nähme ich Flügel der Morgenröte und bliebe am äußersten Meer, so würde daselbst Deine Hand mich führen. Spräche ich: Finsternis möge mich decken und Nacht statt Licht um mich sein – so wäre auch Finsternis nicht finster bei Dir und die Nacht ist Dir Licht.«

Der mit diesem Text hinüberstarb, hofft auf einen Gott, der versteht. Und das, um Jesu willen, doch zu Recht. »Wenn mir gleich Leib und Seele verschmachtet, bist Du doch alle Zeit meines Herzens Trost und mein Teil«, dies Wort aus Psalm 73 hält doch auch Halt hin dem, der von hier wegstürzt.

Sünde ist was anderes

Natürlich dürfen wir uns nicht ans Leben gehen, aber wer nicht mehr kann, ich werde ihn nicht mit einem drohenden Gott zum Bleiben zwingen. Wenn ein Mensch sich nur noch als Wunde, als Opfer seiner Qual fühlen kann, und er dann seinen Körper, das letzte Gehäuse seines Eigenen, zerstört, hoffe ich für ihn auf einen gnädigen Gott.

Ja, es ist gut, daß wir uns vor Selbstzerstörung schützen durch die moralische Verwerfung des Selbstmordes. Aber Sünde ist etwas anderes. Sünde ist, was nicht aus dem Glauben kommt (Römer 14,23). Und keiner ist Herr über den Glauben des anderen. Wehe den Menschen ohne Leid, die den Leidenden mit Falschmeldungen aus dem Himmel drohen und ihn abhalten, in Gottes Barmherzigkeit zu fliehen. Nicht mit Drohungen, sondern nur mit treuer Liebe können wir helfen.

Sterbehilfe an Daniela

Daniela war 23 Jahre, als ihr 1983 bei einem Autounfall der 5. und 6. Halswirbel brach und sie querschnittgelähmt wurde; ein Schicksal, das Jahr für Jahr weitere 1000 Bundesbürger mit ihr teilen. Sechs bis zwölf Monate soll es dauern, bis die allermeisten von ihnen zu ihrem anderen, eingeschränkten und doch lebenswerten Leben finden. Daniela aber beschloß, schon vier Wochen nach ihrem Unfall, so nicht weiterleben zu wollen und hat über vier Jahre alle Rehabilitationsmaßnahmen zurückgewiesen. Sie hat unter Schmerzen weitergelebt, sich dann aber am 23. Dezember 1987 Gift reichen lassen, das sie mit einem Strohhalm Schluck für Schluck zu sich nahm.

Rechtlich gesehen ist diese Beihilfe zum Selbstmord straflos, denn Daniela war geistig zurechnungsfähig und hat ihren Tod selber herbeigeführt. Und dennoch bleibt Erschrecken.

Ist genug um sie, für sie gekämpft worden? Hat sie alle technischen Lebenshilfen gekannt und ausprobiert? Haben Menschen sich mit ihr befreundet? Hat sie aus dem Tagebuch von Albert Camus gelesen über A. M., invalid, beide Beine amputiert, einseitig gelähmt: »Man hilft mir, meine Bedürfnisse zu verrichten. Man wäscht mich. Man trocknet mich ab. Ich bin beinahe völlig taub. Nun gut, ich werde nie etwas unternehmen, um mein Leben abzukürzen, an das ich so innig glaube. Ich würde noch Schlimmeres auf mich nehmen. Blind zu sein und der sinnlichen Wahrnehmung beraubt – stumm und ohne Berührung mit der Außenwelt, wenn ich nur jene dunkle und glühende Flamme spüre, die ich ist, und zwar ich, der Lebende – der dem Leben noch dafür dankt, daß es mir erlaubt ist zu brennen.«

Aber wenn Daniela die dunkle, glühende Flamme nicht mehr spürte, hätte sie bleiben müssen, weil sie zur eigenen Aktion unfähig war? Sie hat wohl das furchtbare Wort, von Kafka zu Ärzten und anderen, gesagt: »Töte mich, sonst bist du mein Mörder.« Menschen brachten ihr Gift aus Mitleid, und sie taten es wohl im Sinne von Daniela.

Eisern ausgeschlossen bleiben muß die Tötung eines als lebensunwert erachteten Menschenlebens. Alles aktive Verkürzen eines fremden Lebens ist Tötung, wenn nicht Mord. Anders steht es mit der passiven Sterbehilfe, die verlängernde Maßnahmen auf Bitten des Patienten unterläßt. Zwar hat der Arzt die Pflicht, Hilfe zu leisten und niemandem zu schaden. Aber das Selbstbestimmungsrecht des Patienten ist höherwertig als die Pflicht zur Hilfe. Es gibt kein Recht des Arztes auf Zwangskurierung. Die Selbstbestimmung ist wichtiger noch als die Gesundheit. Das ist durch Bundesgerichtshofurteil eindeutig entschieden. Wir haben ein Selbstbestimmungsrecht über unser

Leben gegenüber anderen Menschen. Wir gehören keinem andern, geschweige denn dem Staat.

Aber haben wir auch ein Selbstbestimmungsrecht gegen Gott? Gott räumt uns die Freiheit ein, gegen ihn zu handeln. Daß uns unsere Sünde nicht von Gott trennt, dürfen wir hoffen mit Ehrfurcht und Zittern.

Erhellen wir einander das Leben, bis er uns ruft: »Kommt wieder, Menschenkinder.« (Psalm 90,3)

trauern, danken, erzählen

Zeit zu trauern

Wir sind Hinterbliebene. Die Toten sind Heimgekehrte. Wir haben noch ein Stück Zeit. Am Totensonntag erkennen wir uns im Licht derer, die vor uns starben. Wir erkennen uns als Hinterbliebene. Manch einer steht noch im Licht dieser Beziehung wie gebannt. Eben erst hat er sich von uns losgerissen; er ist von deiner Seite weggerissen worden, und du siehst dich als Rest eines eben noch Ganzen, siehst dich als offene Wunde.

Aber schon ist da auch eine Ahnung von Selbstsein-müssen und -können. Schon wagst du erste Schritte aus der Betäubung. Wo dir Hören und Sehen verging, die Welt um dich erfror, die Seele erstarrte, bricht zaghaft Neues auf.

Jetzt – nach Tagen, Wochen – wieder eigene Entscheidungen, bewußte Taten, neue Wege und Aufgaben, erst tastend, dann fester, dann zielstrebig du selbst werdend. Du staunst, wie das Leben unerbittlich gelebt, genutzt und gestaltet sein will. Lange noch bleibt Schuldgefühl, daß auch ohne ihn Freude gelingt und Lachen. Die Abstände des Erinnerns werden länger, Gefühle erwachen wieder. Wir können nicht abgeschnittene Zweige sein – als sei er der Baum gewesen. Wir müssen wieder eigene Menschen werden.

Ja, wir sind beraubt, weil wir Beschenkte waren. Aber wir sind auch Befreite! Wir bleiben Hinterbliebene, Verwundete, Witwer oder Witwen oder Waisen, vielleicht auch von Leid versengte Eltern, die ihrem Kind nicht Vater, Mutter bleiben durften. Als Hinterbliebene bleiben wir dem Gefühl nach Schuldner: Gaben sie uns nicht mehr als wir ihnen? Diese Trauer um das Nicht-Versöhnte, die Trauer um die Hilflosigkeit, in der wir sie ziehen lassen mußten, sie allein lassen mußten, sie ihren Tod starben, diese Wehmut gehört fortan zum Grundwasser unserer Seele.

Die Zeit heilt alle Wunden

So sagt man und redet insgeheim von Gott. Er rückt uns die Toten aus dem Mittelpunkt im Laufe der Zeit. Aber sie bleiben uns die Eltern, die Mitbringer unserer Existenz. Die Muttersprache, das Vaterhaus, die frühen Bilder von heiler Welt, die Kindheit, sie stammen her von uns Gestorbenen. Als Ehegefährten, wie kurz sie uns auch gewährt waren, bleiben sie wesentliche Spiegelbilder unserer Seele. Als Kinder bleiben sie uns Licht, wie unerreichbar auch immer. Sie, die Kinder, leuchteten die Tiefe unseres Liebenkönnens aus. In Beziehung zu ihnen sehen wir uns als die Auserwählten Gottes. Wir durften seinen Kindern ein Stück Leben lang alles gewesen sein.

So sind wir, was immer wir auch sonst noch sind, Hinterbliebene und auch Ärmer-Gewordene durch ihr Sterben. Aber immer mehr, immer inniger möge uns auch dies aufgehen: zugleich sind wir Beschenkte, beflügelt, begeistert, geprüft, geprägt durch sie. Jeder von uns ist durch die, die ihm starben, er selbst geworden. Durch den, der dir starb, bist du, wer du bist. – Und du selbst sollst dich lieben, dich annehmen, dich achten als Gottes wunderbar einzigartigen Menschen, reich gemacht durch die gemeinsame Geschichte mit diesem Menschen, wie lange, wie kurz sie auch immer währte. Dank und Freude mag in uns wachsen.

Sie sind heimgekehrt in Gott, dem Ganzen. Der Körper fiel zurück zu Mutter Erde. Die hunderttausend Milliarden Körperzellen zerfielen, als die einigende Energie entwich. Die Lebensenergie, ihr Ich, ihre Person, ihr Lebenskeim, der Glutkern ihrer Taten und Untaten, das, was sich in ihnen sehnte – ihre Seele ist im Heil. Ihre Seele ist in Gott, der das Ganze ist, der »Alles-in-Allem«, Grund und Herkunft und Hinkunft jeder Seele. In einem Bild gesprochen: Gott schickte seinen Atem aus, daß dieser sich anreichere mit Erfahrung. Dann, wenn wir ausatmen, atmet er uns ein und erntet uns mit dem jeweils Erlebten. Meine Empfindungen beim Erleben des ersten Schnees, meinen ersten Kuß, meinen ersten Kampf, meine Träume, meine Freude – alles bringt Gott als Ernte ein. Um die von uns gemachten Erfahrungen ist Gott reicher. Die in uns von Gott gemachten Erfahrungen sind für ihn wichtig auf immer.

Wie die von uns Weggegangenen, körperlos Gewordenen jetzt sind, wissen wir nicht. Aber wir haben einen Anhalt, daß sie sind. Als wir sie liebten in ihren Körpern, liebten wir auch ihre Seelen, ihr Innerstes, ihr Wesen.

Wenn wir unsere Kinder streichelten, den geliebten Menschen umarmten, dann fand nicht nur Haut zu Haut, sondern Seele zu Seele. Wie befangen und unsicher und wie unbewußt, wie fahrig manchmal auch und doch: Wir wollten ihm zeigen: Du bist einzig, du bist wunderbar, dich muß es ewig geben!

Wir wollten ihm Unterpfand sein für sein Gutsein, Sein für immer, von immer her Gutsein. Und wir nahmen von ihrem Zartsein und von ihrer Sorgfalt die Nahrung auch für unsere Seele. So verstehe ich den Paulus mit seinem Wort: »Keiner lebt sich selbst« (Römer 14,7), keiner liebt aus sich selbst. Wir geben doch nur weiter, was uns treibt, was uns betreibt. Liebend, geliebt, ahnen wir: Wir geben nur weiter, was in uns lebt: Gott liebt in uns schwankenden Gestalten, gebiert aus uns seine Kinder und küßt mittels unserer Münder und nährt mit unseren Händen. Wenn uns bewußt wäre, daß wir Gott zugehören, würden wir nur heilen und nicht zerstören.

Liebend sind wir dicht an diesem Bewußtsein, Seelenkräfte Gottes zu sein. Aber wir sinken zurück in selbstherrliche Gesten, in angstdiktierte Abwehr, darum ist so viel Liebloses in dieser Welt. Und darum ist auch der Tod nötig, um uns endlich zu erlösen aus dieser Gott-Vergessenheit, die uns Irdischen anhängt bis zum letzten Gang.

Wie die uns Gestorbenen jetzt bei Gott, in Gott sind, wie sie sich selbst fühlen, wir wissen es nicht. Aber daß sie bei Gott, in Gott sind, daß sie jetzt im Heil sind – Unverwechselbare, Wunderbare –, das wissen wir um der Liebe willen, die in uns ihnen das sagte, in unseren besten Augenblicken. Und diese Liebe ist nicht von dieser Welt, sie ist mehr als Biologie, sie ist im Kern die Universalkraft. Und wer es nicht weiß, der muß es hoffen: Licht der Liebe! Scheinst du denn auch Toten, du Goldenes? (Hölderlins Worte)

Sie haben schon Anschluß an alles, an alle. Sie dürfen schon »mit Jesus unter Rosengärten ewig reden« (Kierkegaard). Lassen wir sie! Halten wir uns an ihre Leuchtspuren, die sie hinterließen: Sie stärkten unsere Sehnsucht, unser Vertrauen in den guten Gang Gottes durch Leben und Tod. Und sie säten auch Mißtrauen, Angst und Selbstsucht. Es sei ihnen vergeben. Sie waren nur Vorübergehende, nicht ein und alles.

Wir aber müssen und dürfen noch leben. Sie sind angekommen. Wir müssen noch hier, unter diesen irdischen Bedingungen anfangen zu werden. Drängen wir nicht voreilig nach Vollendung. Gott will uns reif machen für sich. Wenn unsere Liebe, unser Fleiß, unser Gestaltungswille verbrannt sind, dann wird er uns schon rufen.

Klammern wir uns nicht an einen Menschen, der uns Liebe gewährt. Lassen wir ihn gelten als Boten, der uns die Nachricht unseres ewigen Geliebtseins bringt. Und Boten müssen weiter. Halten wir sie nicht. Werden wir anderen Boten am Schluß entbehrlich, wenn wir unseren Dienst getan haben. Und was dir nicht mehr zu tun aufgegeben ist, das hat Gott anderen vorbehalten.

Lernen wir das schöne Lassen: »Macht damit, was ihr wollt!« (Friedrich Hebbel) Lernen wir das Lassen nicht erst im Sterben. Werden wir großzügig, weil wir uns als Kräfte Gottes glauben. Er ruft uns in das Leben, wenn er uns zu allen Vorangegangenen aus dem Leben ruft. Leuchten wir einander den Weg aus nach Hause. Keiner lebt aus sich selbst, keiner stirbt für sich. Wir leben und sterben in Gott. Das mache uns fröhlich in Hoffnung, geduldig in Trübsal, fest im Gebet (Römer 12,12).

Zeit zu danken

Hast du heute schon gestaunt, daß du bist, daß du noch da bist? Dein Körper, der ja klüger ist als dein Kopf, hat dir schon Wohlbefinden signalisiert. Der Atem kommt und geht. Du kannst deinen Augen trauen, die Hände regen sich gehorsam.

Das Leben ist dir geschenkt. Ist die Ungeheuerlichkeit dieser Tatsache dir bewußt? Doch, du danktest schon, danktest viele Male schon.

Nah liegt uns das Machen und Tun und die Freude des Gelingens: die Siegesposen schon der Kleinsten stecken im Erbgut, auch der Triumph, wenn die ersten Schritte gelangen. Später der Freischwimmer, der Führerschein, der Beruf, die fast rücksichtslos scheinende Benutzung des Zuhause durch die heranwachsenden Kinder; kaum ein Dank mal an die Lehrer nach Klassenfahrt oder Schulabschluß; auch zu Gott nur ein eher vages, ein angelerntes Gefühl des Dankes in Ausnahmefällen. Die erste Lebenshälfte ist Leisten und Schuften, Wirken und fast rückblickloses Nachvornekommen.

Wir lernen den tieferen Blick. Gemessen am Geleisteten erscheint plötzlich das Geschenkte groß. Freundschaften, Ehen, Gesundheit, Charakter werden als nicht machbar, als nicht herstellbar erkannt; Zufriedenheit erscheint als wunderbar; wie blind man sich durchgekämpft hat; und die günstigen Umstände, sie nimmt man erst später wahr. »Man blüht aus eigenen Zweigen, aber aus der Erde eines anderen«, sagt Max Frisch.

So ab vierzig wird auch die eigene Leistung als Begabung erkannt. Daß man wieder auf die Beine kam, ist mehr Geschicktes als Geschick. Und Zuneigung wird immer wichtiger, die ja immer nur Geschenk ist, wer wüßte es nicht.

Danken müssen wir, wenn wir lang genug nachdenken. Wer gedankenlos lebt, lebt danklos, verkrallt in sein Eigenes, als wäre dies die Welt.

Wir danken Menschen, aber unser Dank zielt darüber hinaus, durch sie hindurch zum Grund alles Dankes. Ich bedanke mich bei der Mutter, bei dem Geliebten, aber ich will mich ja bedanken *für* die Mutter, *für* den Geliebten. Auch wer nicht zur Kirche geht, dessen Dank muß als letzte Adresse Gott haben, sonst wird sein Danken kopflos. Mein Dank kann sich nicht an die Güter des Lebens richten. Soll ich der Sonne danken, der Birne für ihren Duft?

Die Dinge sind Grund, nicht das Ziel für Dank

Ein Kind ist geboren! Gott sei Dank! Ja, auch den Ärzten, Schwestern, aber im besten Fall sind sie gute Mitarbeiter am Glück, das von weit her gewährt ist. Religiös wird man überhaupt erst jenseits der vierzig, hat der große Therapeut Jung gesagt; weil dann erst die Verwunderung, das Staunen, die Dankbarkeit uns erreichen? Auf alle Fälle: Dankbarwerden und Frommwerden hängen wohl zusammen. Daß du dich beschenkt siehst, ist Quelle allen Glücks.

Ein Gang am Strand entlang oder über die Felder oder durch eine Stadt – so verschieden die Farben und Eindrücke, wir kommen immer wieder auf den Punkt: Wie unendlich viel finde ich vor und darf es mir vertraut machen, darf es in Gebrauch nehmen. Verglichen mit dem von mir Hergestellten ist das Vorgefundene ein Vielfaches. Auch noch mein Herstellen, ob ich ein Gericht koche, einen Acker bestelle, eine Predigt zimmere, alles Arbeiten ist Verwandeln von Vorgefundenem, und Mühe ist immer dabei. Aber wenn Mühe Erfolg hat, ist das doch Gnade. Daß das Pferd zuzureiten ist, hat nicht der Mensch gemacht, er hat es nur zugeritten, er hat das Zaumzeug erfunden. Daß das Pferd zu reiten ist, liegt in der Natur des Pferdes – in seinem Wesen, und dafür ist nicht der Mensch, nicht das Pferd verantwortlich, sondern der Verursacher von Mensch und Pferd. Der Philosoph Plato hat diesen günstigen Umstand so hoch bewertet, daß er sagte, das erste Zaumzeug, das wahre Zaumzeug liegt bei Gott. Der Mensch hat es nur nachempfunden.

In jungen Jahren sieht man nur seine eigene Kraft. Daß auch sie gewährt ist, wird tunlichst abgeblendet; wir meinen, unser Selbstbewußtsein würde gedemütigt. Älter werdend erwächst unser Selbstbewußtsein mehr und mehr aus der Ahnung, beschenkt zu sein. Glücklich macht die Entdeckung: was gelingt, ist unverdient, und mein Dazutun, mein Fleiß, meine Klugheit machen sich ja nur die sinnhafte Welt zunutze. Daß mein Fleiß gefragt ist, auch das ist Gunst. – Daß meiner Klugheit ein Stücklein Welterkenntnis gelingen kann, ist doch Wunder. Jeder Handschlag, jeder Gedanke ist doch nur dann erfolgreich, wenn er zum Vorgegebenen paßt. Das mir Vorgegebene ist so unermeßlich, daß ich danken muß. Undank ist zu wenig Denken.

Dankbarwerden stärkt die Lebenskraft

Du bist berechtigt zu sein! Dir ist so viel zu Füßen gelegt! Du mußt dich nur bücken, mußt dich hineinknien ins schöne, schwere Leben: Es ist all deiner Mühe wert. Denn du sollst beteiligt sein am Bewahren des Guten – und es mehren.

Du verstehst, daß all dieses blöde Raffen und Auspressen der Natur nur Angst ist, den Hals und die Konten nicht voll genug zu kriegen. Du verstehst, daß wir nicht den Nutzen aus Atomkraft ziehen dürfen, unseren Kindern aber den strahlenden Müll lassen. Gegen unsere neurotische Habgier hilft nur, daß wir uns als Beschenkte sehen lernen! Du! Das Leben ist dir geschenkt. Und du bist ein Geschenk ans Leben. Verweigere dich nicht. Hilf, daß durch dich die Liebe wächst. Die Freundlichkeit Gottes will durch dein Tun hindurchschimmern! Du kannst Dank vermehren oder das Fluchen. So dramatisch ist deine Entscheidung, dein Tun, dein Lassen, deine Einstellung zum Leben. Du, mit dir steht das Gutsein der Welt, steht die Güte Gottes auf dem Spiel. Ob dir das Leben aufgeht als Geschenk oder als Plage, entscheidet, ob dir Gott aufgeht als Obhut oder Feind. Und dein Dank oder dein Fluch steckt andere mit an. Wäge doch Saat und Ernte in deinem Leben! Wieviel glückte dir? Gemessen am Geglückten ist das Gescheiterte doch wenig. Lerne danken, daß du da bist und bitte noch um Zeit, daß du es noch mehr wirst.

Leben ist erzählen

Wenn Kinder aufgeregt zu uns stürzen und sprudelnd oder stockend erzählen, wie sie einen Springer eingefangen haben, das unheimliche Tier, das so mächtig sprang und Angst einjagte, aber dann ganz ruhig war. Ja, eine Heuschrecke war das, und wir konnten aus eigener Erfahrung bestätigen: Die tut nichts, die kann Menschen nicht beißen. Gestärkt laufen sie dann davon, jetzt erst recht den Kampf aufzunehmen. – Erzählen ist Leben.

Stundenlang tauschen sich Paare in der erste Phase der Verliebtheit aus, manchmal auch noch nach langen Ehejahren: ihre Kindheit, die Schmerzen des Alleinseins, die Schrecken und Beglückungen. Sie drücken sich aus, kleiden sich in Worte, wollen sich zeigen, wollen etwas von sich zu erkennen geben, hoffend, das dies die Liebe wachsen läßt.

Erzählen ist Leben. In den Gesprächsrunden, auch beim Pastor, auch unter Tränen. Völlig Fremde werden Vertraute. Sie würdigen einander: Du darfst mir zuhören, und ich schäme mich nicht. Und Befreiung geschieht durch Teilnehmen und Teilgeben.

Erzählen ist Leben. Im Zug der unverhoffte Gefährte für einige Stunden. Man zieht die Bilder aus der Tasche. Ja, das ist mein Mann, das ist mein Kind. Das war in Mallorca. Da hatten wir uns noch lieb. Und die Gespräche im Krankenhaus, wie man Furcht und Freude teilt und merkt, der andere ist ähnlich. So hätte es mir auch gehen können. So ist's mir auch ergangen. Es gibt Erfahrungen, die wunderbar und kostbar sind, so daß wir sie erzählen müssen. Und es gibt einen roten Faden in all diesen Geschichten.

Da ist erstens unsere Sehnsucht, begehrt und gebraucht zu sein. Alle diese Prunklegenden, diese Prahl-Geschichten spiegeln diesen Hunger wider, wichtig zu sein. Zweitens die Enttäuschung aus Schuld und Schicksal. Die Verluste, die Verwundungen; unbekannt sein; die Scham, verschmäht zu sein. Und drittens – wie man aufgerichtet wurde; wie einer einem begegnet, der ihm aufhilft und mitnimmt und neuen Mut gibt; einen abkehrt vom Vergangenen, einem Lust macht auf Zukunft.

Und das vierte ist dann: Was einer aus dem macht, was er erlebt hat. Ob er jetzt dankbar wird, ob er ein Stück Verwandlung erfährt und zuläßt an sich selbst, oder ob er nur weiterwurstelt und wieder zurückfällt. Ich glaube, das ist das Schlimmste, was man von jemand sagen kann: Er hat nichts gelernt aus dem, was er erlebt hat. Und das Schönste ist, mitzukriegen, daß er verwandelt worden ist.

Von Verwandlungen erzählen

Unsere Lust auf Erzählungen stammt aus der Neugier mitzukriegen, wie andere Menschen verwandelt werden. Hier stärkt sich die Überzeugung von unserer eigenen Chance: wenn dem die Verwandlung gelang, dann ist's doch mit mir auch noch nicht aus. Dann ist doch auch das, was ist, nicht die Wahrheit, sondern das, was werden kann, ist erst die ganze Wahrheit.

Das Buch mit den schönsten Geschichten ist sicher die Bibel

Menschen erzählen nicht endende Verwandlungsgeschichten. Geschichten vom Joseph im Brunnen, der zum Herrn in Ägypten aufstieg, von Jonas Bekehrung, vom Wandel der steinernen in fleischerne Herzen. Die Evangelien erzählen von Auferstehungen im Alltäglichen. Die Bibel ist ein einziger riesiger Bilderbogen von der schönsten Geschichte überhaupt, nämlich der Liebesgeschichte Gottes mit seinen schwierigen, störrischen Menschen. 81 Bücher, Briefe, Lieder-, Gesetzessammlungen, Historien, Evangelien – auch darin der rote Faden: Sehnsucht, Schuld, Rettung und Dank.

Die zehn Aussätzigen

Eine besonders eindrückliche Geschichte steht im Lukasevangelium im 17. Kapitel (11–19):

Es begab sich, daß Jesus nach Jerusalem reiste und zog zwischen

Samarien und Galiläa hin. Und als er in ein Dorf kam, begegneten ihm zehn Aussätzige, Kranke. Die standen von ferne und hoben ihre Stimme und sprachen: Jesus, lieber Meister erbarme dich unser. Und da er sie sah, sprach er zu ihnen: Geht hin, zeiget euch den Priestern! (Das war früher auch die Gesundheitsbehörde.)

Und es geschah, da sie hingingen, wurden sie rein. Einer aber unter ihnen, da er sah, daß er gesund geworden war, kehrte um und pries Gott mit lauter Stimme und fiel auf sein Antlitz zu Jesu Füßen und dankte ihm. Und das war ein Samariter, ein Fremder. Jesus aber antwortete und sprach: Sind ihrer nicht zehn rein geworden? Wo sind die neun? Hat sich sonst keiner gefunden, der wieder umkehre und gäbe Gott die Ehre, denn dieser eine?

Und er sprach zu ihm: Steh auf, geh hin, dein Glaube hat dir geholfen.

Krankheit ist, was uns hindert am lebendigen, mutigen, dankbaren Leben. Krankheit, das sind alle die körperlichen oder geistigen Gebrechen, die uns festhalten, die uns einklammern, die uns zermürben. Ein körperliches Gebrechen kann mich zermürben, wenn es alle meine Gedanken festhält an dem einen, was mir fehlt. Körperlicher Mangel allein scheint nicht so bedrohlich zu sein wie eine seelische Beschädigung. In der Bibel steht: »Lieber hinkend in das Reich Gottes als kerngesund zur Hölle fahren.« (Matthäus 5,29)

Unsere Krankheit kann sein, daß wir eingeklammert sind durch Geiz in jeder Form. Geizig zu lieben, geizig zu lachen, Lob zu nehmen, Lob zu geben. Überhaupt: nicht geben können, oder auch nicht nehmen können, weil das ja verpflichtet. Unsere Krankheit kann aber auch unsere Unfreiheit sein, durch Gier in jeder Form, Gier, die nur den einen Gedanken zuläßt: Wie kann ich den, wie kann ich das bekommen. Und diese Gier bildet einen Sog, der alles andere gleichgültig macht und verschlingt.

Oder wir können gefangen sein in Überzeugungen: das tut man und das tut man nicht. Und fertig. Und wohl dem, der da noch Hunger hat nach neuer Erfahrung und nach Ausbruch und Verwandlung und Rettung. Die Rettungsgeschichte von den zehn Aussätzigen hat sechs Stationen.

Zuallererst kommt es mal darauf an, daß ich mein Leid merke. Daß ich überhaupt gewahr werde, daß mir was fehlt. Daß ich also das Fehlende nicht verdränge, sondern mich traue, den Mangel zu spüren. Also nicht sagen: Den anderen geht es noch viel, viel schlechter. Nicht sagen, möglichst nicht drandenken, sondern Leid merken.

Der zweite Schritt: Hilfe suchen, Menschen rufen, Gott und Menschen um Hilfe bitten. Aber wo finden wir Helfer? Wo finden wir Jesus? Jesus ist ja nicht leibhaftig hier, sondern er ist verborgen in den Menschen, die Jammer stillen können, die Heilkraft haben, die ein Stückchen Weisheit haben, die Seelen zu öffnen. Jesus ist verborgen in den Menschen, die das Leid anderer wahrnehmen. Das ist ja nicht ihre eigene persönliche Wahrnehmelust. Sondern sie sind darin talentiert, sie sind Begabte; in ihren Stimmen, in ihrer Wahrnehmung ist Jesus am Werk. Und dieses Wahrnehmen ist schon ein Anfang zur Heilung. Wenn einer mich wahrnimmt als Leidenden, ist mir schon ein Stück geholfen. Dann ist mein Leid anerkannt. Ich bilde es mir nicht nur ein. Da ist die Quelle unseres Erzählenmüssens erkannt. Ich muß öffentlich machen, was mich so quält. »Da ich's wollte verschweigen, verschmachteten mir meine Gebeine.« (Psalm 32,3)

Drittens – Jesus hat Hilfe gebracht. Indem er die Kranken auf den Weg schickte: »Geht, zeigt euch den Priestern!« Und während sie gingen, wurden sie rein. Das ist ein Traumsatz. Er erklärt nämlich, daß wir heil werden auf dem Weg! Wir wollen immer Tricks. Wir wollen immer sofortige Heilung. Verwandlung ohne Schmerz, ohne Risiko, ohne Mühe. Jesus schickt auf einen Weg. Das ist so ähnlich, wie bei Petrus. Die ganze Nacht hat er gefischt. Und dann kommt Jesus zu ihm und sagt: »Petrus, geh nochmal los!« Da sagt Petrus: »Da wird zwar nichts draus, aber auf dein Wort hin will ich's wagen und gehen.« (Lukas 5,5) Dieses Sich-schicken-Lassen, das Probieren ist das Geheimnis: Was du mir sagst, will ich tun. Ich glaube dir, daß durch dich heilende Kraft Gottes ausgeht. Ich will mich auf das einlassen, was du vom Leben weißt. Ein Stück will ich's probieren. Ich will gehen, und dann werden wir sehen.

Viertens: Sie gingen. Sie wagten zu glauben, daß Gott sie noch in Arbeit hat und sie noch nicht fertig sind. Ja, ich muß nicht ausgesetzt und abgeschoben und verachtet bleiben. Ich kann mich zeigen. Ich kann mich zumuten. Ich habe was zu geben. Das kann ein langer Weg sein, eine mühevolle Reise. Langsam nur weicht der Aussatz der Selbstverachtung und Schuldverstrickung. Wunderhaft bleibt die Heilung: Ich werde von unten nach oben gekrempelt.

Ich bin von Gott, dem Ganzen für gut geachtet. Der Jesus Christus hebt mich in ein neues Licht. Ich bin dann wieder wer. Dann lassen sich die Sorgen neu sortieren. Ich lerne wieder zu nehmen und zu geben. Ich werde abgekettet von Geiz und Gier, und Menschen werden mir wieder wichtiger als Dinge.

Aber ob Heilung gelingt, glaube ich, hängt am fünften Punkt: Ob wir zum Dank kommen. Danken heißt ja, ich will dem Wunder gerecht werden, das mir geschah. Um des gegenwärtigen Glückes willen, will ich nicht vergessen, wie es vorher war; will den Hunger von damals nicht vergessen. Den Krieg von damals will ich nicht vergessen. Ich will ihn erinnern, damit ich Frieden schaffe und nicht matt werde. Die sklavische Abhängigkeit damals will ich nicht vergessen, damit ich heute andere freilasse und nicht gefangennehme.

Danken ist Erinnern. Ich erinnere mich und will nicht mehr, will nichts mehr selbstverständlich nehmen. Danken ist: das Wunder der Verwandlung erleben als wunderbar. Ich will dem Wunder gerecht werden: *Gott die Ehre geben.*

Wunderschön dies: Er pries Gott mit lauter Stimme und fiel zu Jesu Füßen nieder. Also: Gott preisen, indem wir vor Jesus niederfallen. Indem wir Menschen danken – wissen, daß sie nur die Stellvertreter, die Platzhalter, die Medien Gottes sind. Was wir erlebt haben, das müssen wir zusammenbringen mit Gott. Mein kleines Schicksalsfädchen zusammenbringen mit dem großen Weber, Gott genannt; also den Zusammenhang ahnen, daß mein Handeln und mein Erleben wichtig ist, nicht nur für mich, sondern für Ganze.

Mein Leid wahrnehmen. Hilfe suchen. Auf den Weg geschickt werden. Sich schicken lassen. Danken.

Gott die Ehre geben durch Erzählen

Robert Musil hat einmal gesagt: »Ich meine nicht, daß man sich einbilden dürfe, jemand zeigen zu können, wie er's zu machen habe. Ich meine nicht, daß ich es einem andern sagen soll, wie er es machen soll. Aber sehen Sie, die Angst in einer Katastrophe steckt an. Entronnen sein einer Katastrophe, das steckt auch an. Ich meine das bloße Entronnensein bei einem Brand. Alle sind kopflos geworden und rennen in die Flammen. Welch ungeheure Hilfe, wenn ein einziger draußen steht und winkt. Nichts tut, als winken und ihnen verständlich zuschreien, daß es einen Ausweg gibt.«

So ist Erzählen ein Lebensmittel. Erzählend bekunden wir, daß es einen Ausweg gibt. Und so ehren wir den Herrn aller Wege.

beten ist Atmen

Ach Gott, Vatermutter, Liebe, Lebensgrund
von allen Seiten umgibst Du mich
und hältst Deine Hand über mir.
Wie ich einst in Mutters Leib
rundrum geborgen war leibhaftig,
so bin ich es immer noch.
Bin es wieder, immer mehr.
Du bist mir nah, ich bin in Dir.

Manchmal ist mein Horizont so furchtbar eng,
dann fühl ich Kopfweh, Herzweh, Bauchweh,
sehe mich eingezwängt, allein, mein Glaube ist
vernagelt, meine Hoffnung ist nicht mehr Segel,
sondern Schnipsel, meine Liebe eingerollt zum
welken Blatt einer stacheligen Habsucht.

Dann aber widerfährt mir Erlösung.
Neuer Tag und neues Glück,
ein Wort, eine Zartheit,
ein Anruf, ein Auftrag –
in mir ersteht das von Dir gestärkte Ich.
Auffahren könnte ich mit Flügeln wie Adler.
Meine Gebrechen lasse ich fallen
wie der Geheilte die Krücken.
Ich bin im Kommen, ich sehe mich auferstehen.

Und unter den Händen gedeiht,
was eben noch formlos war.
Zur Melodie reiht sich,
was eben nur schrill war.
Menschen kommen wieder und gehen gestärkt.
Ich freue mich in meiner Haut.
Ich kann mich wieder ertragen
und mag Dich und Alles.

Dann sehe ich meine Zeit in Deinen Händen.
Die Stunden tropfen von Deiner rechten
in Deine linke Hand.
Meine Zeit verfällt nicht.
Ich komme Dir nicht abhanden.
Ich bleibe immer bei Dir.

Wie abreißkalenderhaft mir meine Tage fortwirbeln
oder wie bleiern sie aufgespießt bleiben,
meine Ansichten und Gefühle sind vergänglich.
Heute so, morgen so – Gott sei es geklagt
und gedankt.

Aber der Kern meiner selbst ist,
daß ich in Dir stehe.
Meine Zeit in Deinen Händen.
Und darum Gott, Christus, Schöpfer, Fülle,
darum will ich mit Lust und Liebe leben.

Ja, beuge Du mich hin in Deine Schöpfung,
daß ich mich knie in Deine Werke,
auf mich nehme Last und Lust,
mich hinhalte den Freuden und Schmerzen
und auf mich nehme das Leid,
das von mir getragen werden muß.

Ach Gott, Liebe, mach mich zu Deiner Tat,
Deinem Fühlen, Deinem Wort,
die kleine Zeitlang hier.
Und wenn Du mich rufst,
ich komme immer nach Hause,
ich stehe ja in Deinen Händen.

Amen.

Verzeichnis der Bibelstellen

1. Mose
1,3 S. 139
1,27 S. 49, 127
1,28 S. 57
2,15 S. 127, 150
2,18 S. 46, 49
2,24 S. 46
3,6 S. 122
3,9 S. 86
11,1–9 S. 80, 125
22 S. 56
37–50 S. 108 ff.

2. Mose
3,14 S. 14
15,20 S. 140
20,5 S. 60
20,12 S. 56
20,13 S. 149
32,6 S. 134

5. Mose
25,4 S. 111

Josua
6 S. 140

Richter
16,28 S. 145

2. Samuel
1 S. 146

1. Könige
3,16–28 S. 57

Hiob
2,9 S. 13, 146
12,16 S. 114

Psalm
23,5 S. 135
29,15 S. 132
30,12 S. 33
31,9 S. 135
32,3 S. 174
73,26 S. 159
90,3 S. 116, 161
90,10 S. 152
103,2 S. 148, 157
126,5,6 S. 97
139,5 S. 87
139,7–12 S. 159

Sprüche
10,12 S. 148
27,19 S. 42

Prediger
3,1–8 S. 10
4,9–12 S. 47
3,11 S. 12

Hoheslied
1,13 S. 41
2,2 S. 41

Jesaja
9,2 S. 135
29,17–24 S. 117 ff.
40,31 S. 97
43,2 S. 105
58,7 S. 153
65,1 S. 20

Weisheit
11,16 S. 112

Tobias
3,22,23 S. 157

Sirach
20,17 S. 44

Matthäus
4,1–11 S. 89
4,4 S. 16
5,13–14 S. 104
5,28 S. 52
5,29 S. 173
5,44 S. 23, 82
6,25 f. S. 130, 135
7,7 S. 86
7,11 S. 69
7,12 S. 48
7,19 S. 105
10,16 S. 104
11,28 S. 43
12,49 S. 53
12,50 S. 56
13,24–31 S. 64 ff.
16,4 S. 52
16,26 S. 107
18,6 S. 56
19,14 S. 43
19,16 f. S. 131
25,40 S. 91
26,11 S. 138
26,39 S. 147
26,40 S. 43
28,20 S. 104

Markus
1,15 S. 36
8,34 S. 26
10,2–9 S. 47 ff.
10,17–31 S. 74 ff.
10,18 S. 69
15,34 S. 27

Lukas
2,14 S. 31, 43, 118
5,5 S. 19, 174
10,27 S. 104
10,25–37 S. 149
12,48 S. 78, 107
13,8 S. 44
14,16–24 S. 34 ff.
15,31 S. 87
16,9 S. 44
17,5 S. 19
17,11–19 S. 172 ff.
17,21 S. 53
18,9–14 S. 69 ff.
23,43 S. 145

Johannes
2,1–12 S. 93
8,32 S. 19
9,3,4 S. 125
12,24 S. 32
13,23 S. 53
15,13 S. 145
18,38 S. 84
19,26 f. S. 43

Apostelgeschichte
5,29 S. 151

Römer
3,23 S. 73
5,4 S. 157
6,6 S. 87
8,18–24 S. 145
8,28 S. 154
12,12 S. 167
12,20 S. 90
14,7 S. 166
14,12 S. 107
14,23 S. 131, 159

1. Korinther
13,4,5 S. 52
13,10 S. 150
15,54 S. 142
15,56 S. 151

2. Korinther
3,3 S. 17, 147
4,6 S. 22
4,7 S. 150
10,12 S. 150
12 S. 91
12,9 S. 88

Galater
5,1 S. 100, 135
5,13 S. 102
6,7 S. 106

Epheser
4,28 S. 131
5,19 S. 138

Philipper
1,23 S. 144
2,6 S. 89
2,12 S. 106
2,13 S. 150

2. Thessalonicker
3,10 S. 156

Hebräer
11,32 S. 45

EKG (Ev. Kirchengesangbuch)
234 S. 137
371,14 S. 119